Nina Schweppe

Intuitives Essen

Wie wir unsere evolutionäre Genialität
wieder entdecken

Impressum:

© 2021 Nina Schweppe

Layout, Buchblock und Umschlag: BüroService & Lektorat Susanne S. Junge
Umschlagbild (Logo): © Frank Walensky-Schweppe
Autorenfoto Umschlagrückseite: Leon Schweer
Bilder im Buch-Innenteil: Office 365+ und pixabay.com:
     S. 23 UnifiArt21,
     S. 24 Gorden Johnson,
     S. 25, 52, 53,79 Clker-Free-Vector-Images, bearbeitet von Susanne Junge,
     S. 60 (Ölflasche), 81 OpenClipart-Vectors, bearbeitet von Susanne Junge

Verlag und Druck: tredition GmbH, Halenreie 40-44, 22359 Hamburg

978-3-347-21510-8 (Paperback)
978-3-347-21511-5 (Hardcover)
978-3-347-21512-2 (e-Book)

Bibliografische Information der Deutschen Nationalbibliothek: Die Deutsche National-bibliothek verzeichnet diese Publikation in der Deutschen Nationalbibliografie; detaillierte bibliografische Daten sind im Internet über http://dnb.d-nb.de abrufbar.

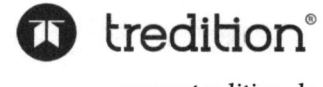

www.tredition.de

Inhaltsverzeichnis

Vorwort

Herzlich willkommen, liebe Leserinnen und Leser!

Ich danke Ihnen für den Kauf dieses Buches und freue mich, dass Sie gemeinsam mit mir in **Ihre neue Wohlfühlzukunft** starten möchten!

Sie haben sich entschieden, dieses Buch zu lesen und sich mit dem *intuitiven Essen* zu beschäftigen. Sie gehen damit einen ersten wichtigen Schritt in Ihr neues, leichteres Leben. Gleichzeitig verlassen Sie die Pfade Ihrer Diätlaufbahn, die Ihnen vermutlich außer Frustrationen und Jo-Jo-Effekt wenig Positives gebracht hat.

Haben Sie sich auch schon immer gefragt, wie die natürlich schlanken Menschen es schaffen, zu essen, was sie mögen, und dabei trotzdem schlank zu bleiben?

In diesem Buch werden Sie hinter dieses Geheimnis kommen. **Jeder wird Sie um die Fähigkeit, bewusst und entspannt zu essen und trotzdem genießen zu können, beneiden!**

Sie werden Ihr Gewicht und Ihre Einstellung zum Essen und zu Ihrem Körper ändern, ohne dass Ihre Umwelt es so recht bemerkt. So werden Sie frei von den kritischen Blicken wohlmeinender Mitmenschen agieren können, die den Erfolg einer Ernährungsumstellung lediglich an der Zahl auf der Waage oder an der Konfektionsgröße messen.

Nehmen Sie die Entspannung, die Sie mit der Veränderung Ihres Essverhaltens erlernen, vom Esstisch mit in den Alltag und lernen Sie, auch den Rest des Lebens gelassener zu meistern.

Dieses Buch basiert auf dem Kurs, den ich bereits mehrere Male unter dem Titel „Einführung in das *intuitive Essen*" gegeben habe. Dieses Buch zum Kurs können Sie entweder zum Nacharbeiten der Kursinhalte verwenden oder es separat lesen und durcharbeiten, um den Zugang zum *intuitiven Essen* zu erlernen.

Ich selbst war als Kind immer eher untergewichtig. Da ich als Frühchen auf die Welt kam, hatten meine Eltern die große Aufgabe, mich sorgfältiger als andere Säuglinge und Kleinkinder zu füttern, damit ich an Gewicht zunehmen und mich altersgemäß entwickeln konnte. Leider wurde meinen Eltern gesagt, dass sie mich nicht nach meinem Bedarf – soll heißen, wenn mein Körper Hunger meldete – füttern sollten, sondern nach der Uhr. Dies führte dazu, dass ich, ohne dass mein Organismus Bedarf hatte, mit Nahrung versorgt wurde und überdies zu wenig und zu unregelmäßig Schlaf bekam. Mir wurde berichtet, dass ich oft so müde war, dass ich gar nicht saugen oder später dann essen konnte. Durch die damaligen medizinischen Vorgaben wurden meine Eltern angeleitet, gegen meine biologischen Rhythmen zu handeln.

Es dauerte sehr lange, bis ich im Laufe meiner weiteren Entwicklung lernte, eine Lebensmittelauswahl zu tolerieren, die eine ausgewogene Ernährung überhaupt erst möglich machte. Da meine Eltern Angst um meine Entwicklung hatten, haben sie mich alles essen lassen, was Energie lieferte. Dadurch wurden starke Vorlieben für Süßes und Fettiges geprägt.

Wie Sie bei der Lektüre meines Buches sehen werden, lernt unser Unterbewusstsein im Laufe der frühkindlichen Entwicklung, welche Lebensmittel und Nährstoffe z.B. bei Schwäche, Stress oder Müdigkeit Linderung gebracht haben. Deshalb haben wir dann später in schwierigen Situationen immer wieder das Bedürfnis, zu genau diesen Stoffen zu greifen. So entsteht z.B. der Impuls, bei Stress Süßigkeiten zu konsumieren; Zucker vermittelt Geborgenheit und Sicherheit. Das weiß unser Unterbewusstsein durch die Muttermilch, die verknüpft ist mit der Ruhe und Sicherheit der Mutter und dem guten Gefühl im Bauch, das durch die Nahrung entsteht.

Als ich selbstständig essen und auswählen konnte, durfte ich unabhängig von Tages- und Nachtzeiten frei auf alles zugreifen, was mir im jeweiligen Augenblick gefiel. Ich wurde sogar noch gelobt, und meine erleichterten Eltern freuten sich über meinen Appetit. Ich kann mich erinnern, dass es Partys mit Geschenken gab, wenn ich zuvor vereinbarte Gewichtsstufen überwunden hatte. Meine Eltern haben es sicher gut gemeint. Sie haben aber durch die Tatsache, dass das Essen und die Gewichtszunahme so viel Raum eingenommen haben, unbewusst eine Fixierung auf die Ernährung gelegt. Ich konnte nicht in Ruhe ausprobieren, wie sich Hunger und Sättigung anfühlen und wie man den Körper angenehm sättigt. Mir wurde immer suggeriert, dass es eine Gefahr bedeutet, wenig zu essen und an Gewicht zu verlieren.

Das Blatt wendete sich dann, als in und nach der Pubertät mein Körper sich rundete und eine permanente Gewichtszunahme unübersehbar wurde. Da teilte mir meine Umwelt mit, dass es nun Zeit sei, weniger zu essen und möglichst schnell abzunehmen. Hier begann für mich der Teufelskreis mit diversen Diätversuchen, die nicht zum Erfolg führten, und einer Menge Mutlosigkeit, weil ich es nicht schaffte, den Körper zu haben, den sich andere für mich gewünscht hätten.

Ich habe mich entschlossen, Ernährungsberaterin zu werden, um in der Ausbildung und im Verständnis für die ernährungsphysiologischen Zusammenhänge Antworten zu finden. Leider brachte die Ausbildung auch nur die Erkenntnis, dass die Ernährungsregeln, die die Deutsche Gesellschaft für Ernährung (DGE) vorgibt, im Alltag kaum erfüllbar sind.

Als ich für mich keinen Ausweg aus meinem Ernährungsdilemma mehr sah, habe ich das *intuitive Essen* für mich entdeckt. Diese Sicht auf die Ernährung und auf den eigenen Körper vermittelt eine Zufriedenheit und Gelassenheit, die es möglich macht, alte Erfahrungen rund um die Ernährung zu vergessen und noch einmal völlig neu zu beginnen.

Heute esse ich mehr oder weniger ausgewogen, gönne mir Genussmomente, bin zufrieden mit mir und meinem Körper und – das ist das Wichtigste – lasse mir von meiner Umwelt nichts mehr dazu sagen. Ich habe für mich die Tatsache akzeptiert, dass ich nie gertenschlank sein werde.

Ich bin nicht perfekt, aber ich arbeite auch nicht daran.

Ich wünsche Ihnen viel Erfolg bei dem Ausstieg aus Ihrer Diätvergangenheit und beim Einstieg in Ihre neue genussreiche Wohlfühlzukunft!

Herzlich, Ihre **Nina Schweppe**
im Januar 2021

Fünf Gründe, warum Diäten nicht funktionieren

Da Sie sich für dieses Buch entschieden haben, gehe ich davon aus, dass auch Sie schon diverse Diätversuche mit Kapseln und Pulvern sowie mit verschiedensten Plänen und Programmen hinter sich haben. Somit ist es eine gute Entscheidung, jetzt etwas ganz Neues zu versuchen.

Bevor Sie Ihren Weg in Ihre neue Zukunft mit dem Einstieg in *das intuitive Essen* beginnen, möchte ich Ihnen die fünf stärksten Gründe zeigen, warum die klassischen Diäten nicht funktionieren.

Was ist eine Diät?

Der Begriff meint im ursprünglichen Sinne eine Ernährungsweise, die von der Norm abweicht. Worin die Abweichung besteht, spielt dabei keine Rolle.

Das Wort „Diät" kommt aus dem Griechischen und bedeutet so etwas wie „Lebensführung" oder „Lebensweise". Genau das soll dieses Buch Ihnen auch vermitteln.

Heute wird das Wort kaum noch im ursprünglichen Sinne benutzt. Denken wir an Diät, dann denken wir sofort an Gewichtsverlust, Verzicht, Hunger, Missvergnügen, Shakes, Suppen und Pillen. Es geht häufig nur darum, möglichst schnell möglichst viel Gewicht zu verlieren. Der Erfolg soll sich dadurch einstellen, dass Nährstoffe – mal Fett, mal Kohlenhydrate – reduziert werden. Der Körper soll dadurch gezwungen werden, an die Reserven zu gehen und so das Gewicht zu reduzieren.

Leider hat dieser gedankliche Ansatz einen großen Fehler:

Nährstoffe zu reduzieren bedeutet, dass aus Sicht des Körpers eine Mangelsituation, also eine Hungersnot, entsteht. Da der Körper unbedingt überleben möchte, wird er alles tun, um sich aus dieser Situation zu befreien. Deshalb entsteht zunächst Heißhunger. Wird dieser nicht befriedigt, dann fährt unser schlauer Organismus alle unwichtigen Vorgänge, die Energie benötigen, herunter. So will er der Notsituation entgehen und spart, wo er nur kann. Dies wiederum führt dazu, dass keine Gewichtsreduktion mehr stattfinden kann.

Alle klassischen Diäten lassen eines vermissen, nämlich Nachhaltigkeit. Wenn Sie mit der Diät aufhören, ohne für die Zukunft etwas zu verändern, dann ist auch schnell das Gewicht wieder da. Noch schlimmer ist, dass dann der gefürchtete Jo-Jo-Effekt sich einstellt und das Gewicht sich immer weiter erhöht.

Dieser Mechanismus ist in der Evolution begründet, wie Sie im Laufe dieses Buches noch erfahren werden.

Ich habe Ihnen fünf Gründe versprochen, die belegen, warum Diäten nicht funktionieren; hier sind sie:

1.   Körperlicher Hunger sorgt für Heißhunger

Unser Körper möchte nicht hungern. Seine große und wichtige Aufgabe besteht darin, das Überleben des Systems zu sichern.

Hunger bedeutet immer, dass ein Energiedefizit vorhanden ist. Dies wiederum bedeutet zunächst Lebensgefahr. Im Laufe dieses Kurses werden wir diesen Zusammenhang noch stärker beleuchten.

Wenn ein Energiebedarf signalisiert wird, sinkt der Insulinspiegel (Blutzuckerspiegel). Gleichzeitig wird das Hungerhormon Ghrelin ausgeschüttet. Wir empfinden Hunger und wissen, dass wir etwas essen müssen.

Im Rahmen einer Gewichtsreduktion kommt es zu einer Verkleinerung der Fettzellen, weil unser Organismus die Fettreserven zur Sicherung des Überlebens angreift. Mit der Verkleinerung der Fettzellen jedoch sinkt auch der Spiegel des Sättigungshormons Leptin. Infolge dieses Prozesses steigt das Hungerhormon Ghrelin wieder an und wir bekommen Hunger.

Merke!

Ein Diätprogramm mit einer starken Reduzierung der zugeführten Kalorien (Nahrungsenergie) lässt den Hormonspiegel entgleisen. Dies führt zu den **gefürchteten Heißhunger-Attacken**!

2.   Ihr Körper lässt sich nicht verkohlen!

In diesem Buch werden Sie lernen, dass unser Körper uns ganz genau zeigen kann, welche Nahrung er wann in welcher Menge benötigt. Die Voraussetzung ist, dass Sie gut mit sich im Kontakt sind. Hierfür wird dieses Buch den Grundstein legen.

Falsches Essen zur falschen Zeit führt – das kennen Sie vielleicht auch – wenige Stunden später zu Heißhunger. Aus dieser Erfahrung können wir lernen, dass die Bedürfnisse des Körpers unbedingt befriedigt werden müssen. Ein gut gemeinter Salat am Mittag, obwohl Ihr Körper nach Fleisch und Kartoffeln verlangt, kann ihn nicht langfristig zufrieden machen. Er fordert die gewünschten Nährstoffe, was sich ein paar Stunden nach dem gesunden Teller in einer manifesten Heißhungerattacke niederschlägt.

Häufig ist der Impuls so heftig, dass sehr schnell Kohlenhydrate benötigt werden. Daraus folgt nur allzu oft der Griff zu Süßigkeiten, Softdrinks, gesüßtem Milchkaffee usw.

Die Boten, die uns mitteilen, was wir brauchen, sind die **Hormone**. Sie **lassen sich nicht durch Diätpläne oder Vernunft beeinflussen.**

Unser Organismus verfügt über feine Sensoren, die genau registrieren, welche Nährstoffe in welcher Menge wir aufgenommen haben. Das ist der Grund, warum die so zahlreich auf dem Markt befindlichen Lightprodukte der sicherste Weg zum Übergewicht sind. Unser Körper kennt die ursprünglichen Lebensmittel und hat eine Ahnung davon, welche Nährstoffzusammensetzungen und Mengen zu erwarten sind. Bleibt das erwartete Volumen aus, werden keine Befriedigung und keine wohltuende Sättigung eintreten. Forschungen zeigen, dass Probanden, die Lightprodukte aßen, am Ende der Mahlzeit mehr Kalorien zu sich genommen hatten als die Kontrollgruppe, die die Lebensmittel in ihrer ursprünglichen Form gegessen hatten.

Vorsicht ist immer geboten bei ausgelobten Eigenschaften wie "X % weniger Zucker" oder "X % weniger Fett". Bei diesen Versprechen fehlt nämlich immer die Vergleichsgröße. 30 % weniger Zucker oder Fett vermitteln das Gefühl eines gesunden und kalorienarmen Lebensmittels. Aber 30 % von was?

3.   Diäten aktivieren den inneren Schweinehund

Strikte Diäten mit vielen Regeln und Verboten erzeugen Stress. Regeln, die definiert sind durch "muss" oder "darf nicht", setzen uns psychisch unter starken Druck.

Die Psyche hat das Bedürfnis, immer in Balance zu bleiben, und reagiert auf den Druck mit einer Gegenreaktion. **Druck erzeugt Gegendruck** und der innere Schweinehund fängt an, mit dem Schwanz zu wedeln.

Lebensmittel, die gemäß des Diätplanes verboten sind, sind plötzlich besonders verlockend. So wird es unausweichlich sein, dass die Gedanken ständig um die verbotenen Dinge kreisen. Dieser Prozess endet dann damit, dass Sie genau zu dem greifen, was der Plan Ihnen verboten hat. Es versteht sich von selbst, dass dies jeden Diätversuch zum Erliegen bringt.

Um sich aus diesem Dilemma zu lösen, gibt es nur eine Chance. **Setzen Sie sich keine Regeln und sich vor allem nicht unter Druck! Hören Sie auf die Signale Ihres Körpers** und versuchen Sie, ihnen zu folgen!

4.   Eine falsche Grundhaltung zum Prozess der Gewichtsreduktion

Vielleicht kennen Sie das auch, dass Sie sich ein Ziel setzen, wenn Sie Ihr Körpergewicht in Angriff nehmen. Leider ist es nur allzu oft so, dass die Ziele nicht stimmig sind. Häufig sind sie gesteuert von außen und werden dadurch unrealistisch oder bilden nicht das Bedürfnis ab, das mit der Gewichtsreduktion erreicht werden soll.

Einflüsse von außen können z.B. Personen des öffentlichen Lebens, die Diskussion über die Traumfigur in den Medien, der so oft beschworene BMI (Body-Mass-Index), die Bemessung von Konfektionsgrößen usw. sein. Sie alle sorgen dafür, dass es Menschen, die sich mit ihrem Körper und ihrem Gewicht unwohl fühlen, noch schlechter geht. Dabei wird oft verkannt, dass das Problem ganz wo anders liegt. **Weniger zu wiegen** wird oft gleich gesetzt mit **mehr Freiheit, sozialer Anerkennung, Entlastung von Alltagsproblemen** etc. Dabei wird vergessen, dass die Zahl auf der Waage lediglich eine Zahl ist, die nichts über innere Werte aussagen kann. Die klassischen Diäten fördern durch Versprechen wie "10 Kilo in x Tagen" diese falsche Grundhaltung und verstärken falsche Erwartungen.

Merke!

Der Schlüssel zu einem besseren Körpergefühl und mehr Zufriedenheit mit dem Essen und dem Essverhalten ist eine Umstellung zu einer

Ernährungsweise, die die Bedürfnisse des Körpers berücksichtigt und ihn immer gut nährt.

Setzen Sie sich ein positives Ziel, auf dessen Erreichen Sie sich freuen können. Dann gelingt das Abnehmen ohne Diät.

5.   Diäten gehen nicht an die Wurzel des Übels

Legen wir die Ausführungen des vorhergehenden Abschnitts zugrunde, ist sicher deutlich geworden, warum eine Verringerung des Körpergewichtes wünschens- und erstrebenswert sein kann. Haben Sie sich aber darüber hinaus auch schon einmal gefragt, ob es Ihnen wirklich nur um den Verlust einiger Kilos geht? Könnte es nicht auch sein, dass ganz andere Gründe der Auslöser dafür sind, dass Sie einen Veränderungsprozess anstreben?

So hatte ich z.B. einmal eine Kundin, die unbedingt ganz schnell Gewicht verlieren wollte. Nach ihrem wirklichen Ziel befragt, kam nach einem langen Coaching-Prozess heraus, dass sie Schwierigkeiten hatte, aufgrund ihres Alters und des nicht unerheblichen Körperumfangs auf dem Boden mit ihren Enkeln zu spielen. Sie wollte die kurze Zeit, in der sie noch klein waren, mit ihnen so weit wie möglich ausnutzen.

Mein persönliches „Warum?" zur Änderung meines Ernährungsverhaltens war die Tatsache, dass ich für mein Reitpony zu schwer geworden wäre, wenn ich nichts verändert hätte.

Sie sehen also, dass die tatsächlichen Gründe für eine Gewichtsreduktion häufig viel tiefer begründet sind. Damit der Prozess erfolgreich wird, sollten Sie für sich klären, **was genau Ihr „Warum?" ist.**

Der fünfte Grund, warum Diäten nicht funktionieren besteht darin, dass die klassischen Diätpläne nur an der Oberfläche kratzen. Die Wurzel, die unter dem Wunsch des Gewichtsverlustes liegt, wird gar nicht einbezogen.

Stellen Sie sich bitte eine Pflanze vor. Die Blätter stehen in diesem Bild für die Symptomatik wie z.B. Übergewicht. Die Wurzel steht stellvertretend für das Problem, das die Symptomatik auslöst.

Die Aufgabe der Wurzel ist es, die Pflanze mit allem zu versorgen, was sie braucht. Ist die Versorgung gut, wird

die Pflanze schön grün und gesund aussehen. Ist die Wurzel aber beeinträchtigt und kann ihren Versorgungsauftrag nicht erfüllen, wird man das an den Blättern der Pflanze sehen, die eher braun sind und schlapp herabhängen. Die Pflanze nun wird nicht gesunden und grün werden, wenn man die Blätter abschneidet. Hilfe für die Pflanze kommt nur dann zustande, wenn die Wurzel wieder funktionsfähig gemacht wird.

Merke!

Wenn Sie ein inneres Problem mit sich herumtragen, das Sie nicht lösen können, dann können Sie auch Ihr äußerliches Problem (Übergewicht) nicht auflösen.

Mit diesem Buch können Sie einen ersten Schritt gehen, um Ihre Pflanze wieder grün und gesund aussehen zu lassen.

Lektion 1: Herzlich willkommen zu Ihrem Kurs im Buch

Kommen wir nun aber endlich zu den Inhalten Ihres Buches!

Zunächst mache ich Sie mit den **vier Grundsätzen des** *intuitiven Essens* vertraut.

Danach machen wir uns gemeinsam bewusst,

- wie,
- wo,
- wann und
- warum

wir essen.

Sie erfahren auch, was das Ziel dieses Kurses ist. Sie sollen in die Geheimnisse der Menschen eingeweiht werden, die ein natürlich schlankes Leben führen.

Im nächsten Schritt lernen Sie den **Hunger in seinen Erscheinungsformen** kennen und lernen, Ihre Körpersignale entsprechend zu deuten.

Das Schwierigste, nämlich die **Anwendung des Gelernten im Alltag**, kommt zum Schluss. An dieser Stelle werden wir uns dann auch mit den Grundbausteinen einer ausgewogenen Mischkost beschäftigen. Es geht vor allem darum, **eine gute alltagstaugliche Ernährung** mit dem *intuitiven Essen* zusammenzubringen.

Jetzt lade ich Sie herzlich ein, mit dem ersten Arbeitsblatt zu starten.

Ich wünsche Ihnen viel Spaß und gutes Gelingen!

Arbeitsblatt 1: „Das Überraschungsei"

Sicher wundern Sie sich, dass Sie jetzt ein Arbeitsblatt bekommen, obwohl ich Ihnen noch gar keine Lerninhalte angeboten habe. Dies hat einen ganz speziellen Grund:

Sie haben sich ein Buch gekauft, das Ihre Vorstellungskraft und Ihre mentalen Fähigkeiten fördern und fordern wird. Um mit dem *intuitiven Essen* starten zu können, ist es wichtig, dass Sie erfahren, **welche starke Wirkung Ihr Unterbewusstsein auf Ihre Realität hat**. Dazu sollen Sie schon jetzt wissen, dass Sie 90 % aller Entscheidungen treffen, ohne bewusst darüber nachzudenken. Es ist Ihr Unterbewusstsein, das die Entscheidung trifft.

Die Übung, die Sie auf diesem Arbeitsblatt finden, soll Ihnen einen ersten **Zugang zu sich, zu Ihren mentalen Fähigkeiten sowie zu Ihrem Körper** ermöglichen. Sie ist der Startschuss auf dem Weg zu Ihrem neuen intuitiven Lebensstil.

Da dies Buch auf den Inhalten eines Präsenzkurses basiert, will ich diesen Teil nicht auslassen. Die Kursteilnehmer bekommen an dieser Stelle ein Überraschungsei in die Hand; vielleicht haben Sie ein solches Überraschungsei zuhause – ansonsten bitte ich Sie, sich ein solches Ei nun ganz genau vorzustellen und sich mit Ihrer ganzen Vorstellungskraft in die Situation im Seminarraum zu versetzen. Nehmen Sie sich dafür ausreichend Zeit. Bedenken Sie auch, dass Sie sich gedanklich in einer Gruppensituation befinden.

Es gibt hier keine richtigen oder falschen Antworten. Lassen Sie Ihre Lösungen auf sich wirken und nehmen Sie die Gedanken mit in die Entwicklung Ihres neuen Essverhaltens.

Beantworten Sie, wenn Sie sich die Situation genau vorstellen können, bitte die folgenden Fragen:

1. Was wäre Ihr erster Gedanke, wenn Sie das Ei in die Hand bekämen?

_____

_____

_____

_____

2. Welche Emotionen löst es aus?

_____

_____

_____

_____

3. Wie würden Sie bzgl. der Schokolade verfahren?

_____

_____

_____

_____

4. Würden Sie mit der Schokolade anders verfahren, wenn Sie sich nicht in einer Gruppensituation befänden?

5. Welche Symbolik bezogen auf das *intuitive Essen* und diesen Kurs könnte das Ei für Sie beinhalten?

Lektion 2: Erfolg entsteht nicht durch Disziplin

In dieser zweiten Lektion lernen Sie, **wie Gewichtskontrolle funktioniert** und was das Ganze mit unseren steinzeitlichen Vorfahren zu tun hat:

Wenn Sie in der Vergangenheit mehrere gescheiterte Diätversuche hinter sich haben, dann werden Sie an dieser Stelle lernen, warum Ihre Bemühungen nicht zum Ziel geführt haben und was *ab jetzt anders* ist.

Sie werden lernen, warum eine **klare Vorstellung des Zieles**, das Sie erreichen möchten, so wichtig für das Gelingen Ihres Vorhabens ist.

Zum Einstieg in das *intuitive Essen* ist es wichtig, dass Sie Ihr wahres „Warum?" kennen. Es geht anders ausgedrückt darum, dass Sie eine klare Vorstellung entwickeln, welches Ziel Sie mit der Veränderung Ihres Essverhaltens erreichen möchten.

- Warum möchten Sie etwas verändern?
- Warum möchten Sie Ihr Gewicht reduzieren?
- Was soll, abgesehen von der Gewichtsreduktion, noch passieren?
- Wie wird Ihre neue Wohlfühlzukunft dann aussehen?
- Was wird sich geändert haben?

Das sind viele Fragen, auf die Sie vielleicht noch keine Antworten wissen. Um aber erfolgreich im Einklang mit Ihrem Körper auf den Weg in Ihre neue Wohlfühlzukunft starten zu können, sollten Sie auf diese Fragen möglichst bald eine Antwort gefunden haben.

Die Antworten jedoch müssen jetzt noch nicht endgültig sein. Sie starten hier und jetzt in einen dynamischen Prozess, der es auch immer wieder zulässt, dass die Antworten auf diese wichtigen Fragen sich verändern und an die Entwicklung anpassen.

Es ist wichtig, dass Sie eine möglichst **genaue Vorstellung** von dem entwickeln, **wie Sie in Ihrer neuen Wohlfühlzukunft aussehen, sich fühlen und was Sie tun möchten.** Je deutlicher Ihr Bild ist, umso besser werden Sie die alten Pfade verlassen und sich auf Neues einlassen können. Durch das klare positive Bild wird sich eine mächtige Motivation einstellen und Sie werden alles tun, um Ihre Vorstellung zu realisieren.

Mentalübung: Visualisierung Ihrer neuen Wohlfühlzukunft

Um mit dem *intuitiven Essen* erfolgreich einen Veränderungsprozess zu gestalten, ist es wichtig, dass Sie ein **starkes Bild von Ihrem Ziel** entwickeln. Wie Sie bereits gelernt haben, muss Ihr Unterbewusstsein mit Hilfe eines Bildes lernen, worum es in der neuen Wohlfühlzukunft geht. Diese Übung wird Ihnen helfen, Ihr Zukunftsbild zu gestalten.

Was wird in einem Jahr sein?

12 Monate sind auf den ersten Blick eine lange Zeit. Auf der anderen Seite ist der Zeitraum so bemessen, dass Sie das Ziel, das Sie sich gesetzt haben, im Blick behalten können.

Bei dieser Übung ist es wichtig, sich zu entspannen und sich einige Minuten Ruhe zu verschaffen.

1. Machen Sie sich zunächst einmal klar, wie Ihre momentane Situation ist.
   Wie fühlen Sie sich?
   Wie nehmen Sie Ihren Körper und Ihr Essverhalten wahr?
   Was möchten Sie verändern? Möchten Sie überhaupt etwas verändern?
2. Sie sind sich sicher, dass Sie Ihre Ernährung umstellen und Ihr Essverhalten ändern möchten, um ein Ziel zu erreichen.
   Spüren Sie, wie Sie sich heute fühlen.
   Machen Sie sich bewusst, wie sich Ihr Körper anfühlt und wie Ihre innere Haltung ist.
3. Nun gehen Sie in Gedanken 12 Monate weiter.
   Spüren Sie, wie sich Ihr Körper anfühlen wird.
   Fühlen Sie, wie sich Ihre innere Haltung verändert haben wird.
   Stellen Sie sich vor, wie sich Ihr Leben verändert haben wird.
   Werden Sie neue Dinge tun?
   Werden Sie sich vitaler und kraftvoller fühlen?
   Werden Sie vielleicht eine neue Frisur oder andere Kleidung tragen?
   Wie werden andere Menschen auf Sie reagieren?
   Werden Sie mit einer anderen Grundhaltung durch die Welt gehen?

Es ist wichtig, dass Sie diese Übung so oft wie möglich wiederholen. Falls es Ihnen hilft, dann malen Sie ein Bild von Ihrer neuen Wohlfühlzukunft oder schreiben Sie einen Bericht über sich selbst, wie Sie in 12 Monaten sein werden. Tun Sie alles dafür, damit Ihr **Unterbewusstsein Ihr Zukunftsbild als**

Realität annimmt. Dann wird Ihre Ernährungsumstellung gelingen und Ihrer neuen Wohlfühlzukunft steht nichts mehr im Wege!

Warum die Visualisierung Ihrer Zukunft so wichtig ist, sehen wir gleich:

Erfolg entsteht nicht durch Disziplin, sondern durch Vorstellungskraft!

Menschen, die mit Übergewicht (was ist das eigentlich?) zu kämpfen haben, oder die ungünstige Verhaltensweisen beim Essen zeigen, gelten oft als schwach, undiszipliniert, minderwertig usw.

Selbst die Ernährungswissenschaft zeigt immer wieder auf, dass Abnehmen ganz einfach sei. Man müsse nur weniger an Kalorien aufnehmen, als der Körper im Laufe des Tages verbraucht. Dann sollte das Abnehmen von ganz allein funktionieren.

Aber warum ist es dann so schwierig? Warum scheitern die meisten Diäten immer wieder, vor allem in der Langzeitanwendung?

Die Evolution kann hier Antwort geben. Unternehmen wir einen kleinen **Ausflug in die Entwicklung des Menschen**:

Im Laufe der Jahrtausende haben der Mensch und auch sein Gehirn, viele Stufen durchlaufen. In den einzelnen Epochen wurden verschiedene Zonen angelegt, die für unterschiedliche menschliche Kompetenzen verantwortlich sind.

Uns wird permanent vor Augen gehalten, dass Gewichtskontrolle ganz eng verbunden sein soll mit Vernunft und Disziplin. Diese Kompetenzen finden wir im Frontalhirn, also im neuesten Teil. Dieser ist u.a. dafür verantwortlich, dass wir Wissen anhäufen und Situationen überdenken und uns die Welt erklären können.

Damit wir es aber schaffen, unseren Alltag gut zu bewältigen, sind die **Gewohnheiten** von größter Bedeutung. Sie sind nötig, damit nicht jede kleinste Entscheidung, die wir von Sekunde zu Sekunde zu treffen haben, überprüft werden muss. Dies würde die Kapazitäten unseres Gehirns schnell sprengen. Die Gewohnheiten sind fest verankert. Sie lassen sich nicht durch den Verstand steuern. Es ist aber möglich, sie zu ändern. Wie genau das geht, sehen wir weiter unten.

Die Gewohnheiten finden wir im ältesten Hirnteil, dem Reptiliengehirn. Dieses ist auch dafür verantwortlich, dass die Grundfunktionen, die unser Körper zum Überleben braucht, sichergestellt sind. Der nächstjüngere Teil ist das Limbische System, wo die Gefühle verankert sind. Vereinfacht gesagt, bilden sich die Gewohnheiten aus der Notwendigkeit, reibungslos unser Überleben zu sichern, und aus Emotionen. Die Gewohnheiten gehen also von diesen beiden älteren Gehirnteilen aus. Unterstützt wird dieser Prozess durch die Basalganglien, die kognitive und physiologische Prozesse einleiten. Die spontane Aktivität unseres Körpers wird gehemmt. Sie wählen aus, welche Prozesse augenblicklich wichtig und unerlässlich sind. Diese Prozesse werden gefördert, andere unwichtigere gehemmt.

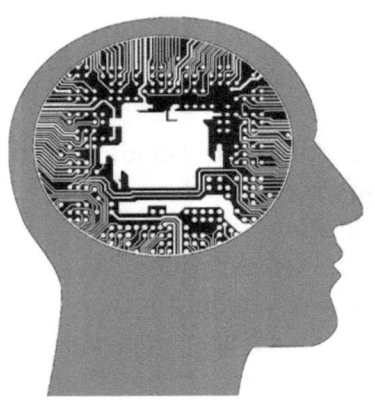

Stellen Sie sich für einen Moment bitte das **Gehirn** wie eine große Festplatte in einem Computer vor. Dort sind Dateien gespeichert. Sie können immer wieder abgerufen werden. Um sie zu verändern, müssen zunächst die Änderungen vorgenommen und dann die Datei überschrieben werden.

Ebenso verhält es sich mit unseren Gewohnheiten. Sie wurden auf der Festplatte gespeichert, weil sie uns positiven Nutzen gebracht haben.

So haben wir z.B. gelernt, dass alle Lebensmittel, die süß sind, uns schnell Energie liefern. Deshalb bekommen wir, wenn wir uns ermüdet und erschöpft fühlen, wenn wir uns kaum noch konzentrieren können, schnell Appetit auf Süßigkeiten oder Obst. Eine Gewohnheit, die einen tatsächlichen Nutzen hat, da unser Organismus die zugeführte Energie gleich nutzen kann, ohne an die Reserven zu gehen.

Viele von uns haben auch gelernt, dass Süß auch Trost oder Belohnung bedeuten kann. Somit bekommen diese Menschen nicht nur bei Hunger, sondern auch bei Trauer oder wenn sie denken, sich belohnen zu wollen, Appetit auf Zucker. Auch in diesem Fall hat sich eine Gewohnheit verankert, die sich, z.B. im Falle von Übergewicht, in eine negative Richtung entwickelt hat. Hier würde es sich anbieten, die Datei auf der Festplatte zu ändern. Das Ziel wäre es, das Bedürfnis nach Trost oder Belohnung nicht durch Nahrung, sondern mit anderen Dingen zu befriedigen.

Stellen Sie sich nun bitte die unterschiedlich alten Teile des Gehirns wie unterschiedliche Menschen unterschiedlicher Entwicklungsstufen vor.

Die neueren Gehirnteile sind sehr schlau. Sie können rechnen, haben die Fähigkeit, Probleme zu lösen und Wissen anzuhäufen. Sie sind zu vergleichen mit einem Wissenschaftler, der viel sitzt und forscht und kaum körperlich gefordert ist.

Die älteren Teile des Gehirns sind größer und muskulöser. Im logischen Denken sind sie schwach, aber sie sind stark und mächtig und erfüllen ihre Aufgabe, unser Überleben zu sichern.

Es ist so, als würde der heutige Mensch auf einen steinzeitlichen Menschen treffen.

Um Gewohnheiten ändern zu können, ist es wichtig, die Sprachen der unterschiedlichen Gehirnteile sprechen zu lernen.

Unsere neueren Gehirnteile haben verstanden, was im Hinblick auf unsere neue Lebensweise geändert werden muss und warum die Veränderungen nötig sind. Damit die Änderungen auch realisiert werden können, müssen sie auf die älteren, viel mächtigeren Gehirnteile einwirken. Diese wiederum denken und sprechen in Bildern. Das neuzeitliche Gehirn allerdings denkt in Zahlen und Fakten.

Es wäre also so, dass der alte und der neue Mensch sich nicht verstehen könnten, weil sie unterschiedlich sprechen und denken.

Um die alten Gewohnheiten also überschreiben zu können, benötigen Sie deutliche Bilder, um dem Reptiliengehirn etwas Neues beizubringen. Unser schlaues jungzeitliches Gehirn hat also die Aufgabe, mit seinem Wissen und seinem Abstraktionsvermögen das Bild für seinen Gegenspieler zu zeichnen.

Damit sich die neuen Gewohnheiten nun auch einprägen, ist es wichtig, dass Sie sich Ihre Vorstellung von Ihrer veränderten Situation immer wieder ins

Bewusstsein holen. Das alte, langsam lernende Gehirn benötigt möglichst viele Wiederholungen.

Wie aber steht dieser Ausflug in die Entwicklungsgeschichte des Menschen mit dem *intuitiven Essen* in Zusammenhang?

Übergewicht und ein ungünstiges Essverhalten sind oft geprägt durch unsere Gewohnheiten. Wenn wir unsere Gewohnheiten rund um das Essverhalten und die bevorzugten Nahrungsmittel ändern, dann wird die Gewichtskontrolle ganz leicht und Sie werden merken, dass die Erforschung neuer Möglichkeiten sogar Spaß machen kann.

Warum aber sind die oft vielversprechenden Diäten von FDH (friss die Hälfte) über Blutgruppendiät bis hin zu den diversen Pulvern zum Ersatz ganzer Mahlzeiten so wenig erfolgreich?

Auf diese Frage werden wir, unter verschiedenen Blickwinkeln, noch mehrfach in diesem Buch zurückkommen. Daher sehen wir uns zunächst nur den mentalen Aspekt an:

Wenn jemand sein Gewicht verändern möchte, dann geht es meistens um die Zahl, die auf der Waage zu lesen ist. Aber was bedeutet sie? Was bedeutet Übergewicht? Wer sagt, ob jemand übergewichtig ist oder nicht?

Fachverbände wie die Deutsche Gesellschaft für Ernährung (DGE) geben immer wieder Zahlen heraus, die Menschen in Klassen von untergewichtig bis hin zu fettleibig einstufen.

Es ist nicht von der Hand zu weisen, dass krankhaftes Übergewicht eine medizinische Indikation ist und einer ernährungstherapeutischen Unterstützung bedarf. Es gibt aber viele Menschen, die als zu dick eingestuft werden, weil die Tabellen oder Werkzeuge wie der BMI (Body-Mass-Index) das sagen. Für die derart klassifizierten Betroffenen ist es gerade folgerichtig, dass sie Ziele wie "ich möchte bis zum Tag X Y Kilo abnehmen" für sich entwickeln.

Wenn Sie zu dieser Gruppe gehören, ist es jetzt höchste Zeit, dieses Ziel zu überarbeiten, denn zu diesem Ziel können Sie kein klares Bild entstehen lassen.

Welche Vorstellung haben sie von der Anzahl an Kilos, die Sie verlieren möchten? Ich bin mir sicher, dass Sie hierzu nur eine ungenaue Antwort geben könnten.

- Wie würden Sie aber aussehen, wenn Sie die Kilos abgenommen hätten?
- Welchen Tätigkeiten würden Sie wieder nachgehen, wenn Sie schlanker wären?
- Was würde das für Ihren Alltag, für Ihre Kontakte bedeuten?

Wenn Sie sich diese Fragen vor Augen führen, können Sie das Bild Ihrer Zukunft entwickeln.

Ein klares Bild zeigt Ihnen immer wieder, was Sie erreichen möchten. Sie haben sich von der nichtssagenden Zahl der Kilos gelöst und erhalten immer wieder einen motivierenden Impuls, den eingeschlagenen Weg weiter zu gehen.

Die üblichen Diätratgeber konzentrieren sich nur auf die Zahlen auf der Waage, der aufgenommenen und eingesparten Kalorien und die verlorenen Pfunde. Es fehlt, neben allen ernährungsphysiologischen Ungereimtheiten, die Sie später noch kennenlernen werden, der motivierende Ansatz. Zwar freut man sich – das werden Sie kennen – über purzelnde Pfunde, aber die Tatsache, dass nachhaltiges Abnehmen langsam erfolgen muss, und dass es immer wieder Schwankungen, auch wieder nach oben, geben kann, dürfte sich frustrierend auswirken. Daraus folgt, dass die Motivation verloren geht und die Diät abgebrochen wird.

Damit Ihr neuer Veränderungsprozess gelingt, vergessen Sie bitte zunächst die Zahlen auf der Waage und die Kalorienwerte. Tun Sie bitte alles dafür, **Ihr Zukunftsbild klar im Bewusstsein** zu haben. Lassen Sie sich bitte davon motivieren und inspirieren.

Merke!

Unser Organismus befindet sich, wie wir am Beispiel der unterschiedlichen Gehirnteile gesehen haben, noch im Steinzeit-Modus. Die alten Gehirnteile dominieren und das neuzeitliche Gehirn versucht immer wieder, dem steinzeitlichen Muskelprotz etwas beizubringen. Übertragen auf die Ernährung bedeutet dies, dass unser Organismus noch immer davon ausgeht, dass es

Zeiten mit viel Nahrung und aber auch Hungersnöte geben kann. Somit speichert er in Zeiten des Überflusses so weit wie möglich alles an Energie, was zugeführt wird. So kann in Notzeiten, also bei Nahrungsmangel oder in einer Fluchtsituation, immer ausreichend Energie zur Verfügung gestellt werden. Da wir in unseren Breiten aber zumeist im Überfluss leben, ist dieser Mechanismus nicht mehr notwendig.

Merke!

Gewöhnliche Diäten orientieren sich an ernährungsphysiologischen Fakten. Sie sollen abnehmen, weil Sie weniger Energie zuführen, als Ihr Körper benötigt. Deshalb soll er an seine Reserven gehen. Die Frage, was Übergewicht überhaupt ist, wird durch von Menschen ermittelte Werte beantwortet. Diese Werte haben keine Aussagekraft bezogen auf Ihr Wohlgefühl. Die meisten Diäten lassen das motivierende Moment vermissen. Somit ergibt sich keine klare Zielvorstellung. Eine langfristige und nachhaltige Veränderung kann sich nur ergeben, wenn Sie motiviert bleiben und wissen, wohin der Weg führen soll.

Merke!

Das Ziel Ihrer Ernährungsumstellung erreichen Sie nicht durch Disziplin, sondern durch **Vorstellungskraft**!

Arbeitsblatt 2: Was unser Gehirn mit der Steinzeit zu tun hat

In Lektion 2 haben Sie gelernt, wie Sie Ihre Gewohnheiten verändern können und warum Veränderungsprozesse oftmals sehr schwierig sein können.

Machen Sie sich bitte bewusst, warum Sie wirklich etwas an Ihrer Ernährung ändern möchten. Finden Sie mindestens drei Gründe, die nichts mit der Zahl auf der Waage oder der aufgenommenen Kalorienzahl zu tun haben.

1.

2.

3.

Bitte beantworten Sie darüber hinaus die folgenden Fragen:

1. Warum möchte unser Organismus möglichst viel Energie speichern?

2. Was unterscheidet die älteren und die neuzeitlichen Teile unseres Gehirns?

3. Welche Hirnteile sprechen welche Sprache?

_____

_____

_____

_____

4. Was muss geschehen, damit die alten und neuen Hirnteile sich verstehen?

_____

_____

_____

_____

5. Warum ist es so wichtig, eine klare Vorstellung von dem Ziel, das man erreichen möchte, zu entwickeln?

_____

_____

_____

_____

Lektion 3: Die Grundpfeiler des intuitiven Essens

Sie wissen nun, warum es so wichtig ist, ein eindeutiges Ziel vor Augen zu haben. Mit dem entstandenen Bild werden Sie immer hoch motiviert bleiben und sich in Ihrem Veränderungsprozess weiter und weiter bewegen.

In dieser dritten Lektion soll es nun endlich ganz direkt um das *intuitive Essen* gehen. Sie werden erfahren, auf welchen Grundsätzen die Methode beruht. Außerdem stelle ich Ihnen den wichtigen Leitsatz im *intuitiven Essen* vor, der von heute an so etwas wie Ihr Mantra werden wird.

Die Basis des intuitiven Essens wird im Wesentlichen durch vier Grundsätze gebildet, auf die ich in dieser Lektion kurz eingehen möchte. Was daraus für Ihre Ernährungsumstellung und Ihren Alltag folgt, lernen Sie dann in den folgenden Lektionen.

1. Essen Sie nur dann, wenn Sie wirklich hungrig sind!

Dieser Grundsatz legt nahe, dass wir nur allzu oft essen, ohne dass unser Körper tatsächlich Nährstoffe benötigt. Im Laufe des Kurses lernen Sie den Hunger in seinen verschiedenen Erscheinungsformen und Ausprägungen kennen. Sie erfahren auch, warum es vorkommen kann, dass wir unserem Körper Nahrung zuführen, obwohl dieser nicht hungrig ist.

Merke!

Wenn wir unseren Körper ernähren, obwohl er keinen Bedarf hat, dann legt er die nutzlosen Nährstoffe für Notfälle in die dafür vorgesehenen Speicher. Was er nicht speichern kann, scheidet er aus.

2. Essen Sie nur das, was Sie wirklich essen möchten!

Wenn Sie schon einmal versucht haben, Ihr Gewicht zu reduzieren oder aus einem anderen Grund die Ernährung umzustellen, kennen Sie das Problem: Sie wählen Ihre Lebensmittel nach rationalen Gesichtspunkten aus. Leider kann es dabei passieren, dass Ihr Organismus zu kurz kommt, denn er erhält nicht die Nährstoffe, die er augenblicklich dringend benötigt. Dafür erhält er möglicherweise Stoffe, mit denen er in diesem Moment gar nichts anfangen kann. Wenn Ihr Körper beispielsweise Appetit auf Brot hat und Sie essen lediglich einen Salat, dann bekommt der Organismus nicht die Kohlen-hydrate, die er so dringend brauchte. Im Laufe dieses Kurses werden Sie lernen, was Ihr Organismus Ihnen mit dem Appetit auf Zucker, Fleisch, Salat-blätter usw. mitteilen möchte. Sie erfahren auch, warum es wenig hilfreich ist, Mahlzeiten nach rationalen Gesichtspunkten oder nach festgelegten Plänen zu gestalten. Seien Sie mutig und lassen Sie Ihren Körper entscheiden! Lösen Sie sich bitte von allen Essensregeln und halten Sie aus, dass die Gelüste Ihres Körpers möglicherweise gegen alle Vorgaben, die Sie im Laufe Ihres Lebens verinnerlicht haben, verstoßen. Sie dürfen darauf vertrauen, dass sich die Situation nach einiger Zeit beruhigen wird. **Vertrauen Sie sich** und Ihrem Organismus!

3. Genießen Sie jede Mahlzeit achtsam und bewusst!

Hand aufs Herz! Widmen Sie sich tatsächlich mit voller Aufmerksamkeit Ihrer Mahlzeit? Oder ist es eher so, dass Sie dabei Mails oder Nachrichten lesen, am Arbeitsplatz beim Essen weiterarbeiten oder einfach anderweitig nicht bei der Sache sind? Das Essen ist in unserer schnelllebigen Zeit leider zu einer **Nebensache** verkommen, für die sich viele Menschen kaum noch Zeit neh-men. Es läuft so nebenbei und darf vor allem auch nicht viel Zeit verschlingen. Daraus folgt, dass häufig zu schnell und zu viel gegessen wird. Sensoren im Magen-Darm-Bereich melden **erst nach 20 Minuten ein Sättigungssignal** an das Gehirn. Deshalb ist es wichtig, eher langsam zu essen, und auch wenn es uns schwerfällt, jeden Bissen 20-mal zu kauen.

4. Hören Sie bei angenehmer Sättigung mit dem Essen auf!

Vermutlich kennen Sie aus Ihrer Kindheit die Situation, dass Sie noch Essen auf dem Teller hatten, obwohl Sie schon satt waren. Als braves Kind haben Sie die Anweisungen Ihrer Eltern befolgt und – gegen Ihre Körpersignale ver-stoßend – aufgegessen. Natürlich soll man mit Lebensmitteln sorgsam um-gehen und nichts verschwenden. Es hilft aber niemanden, wenn Sie Ihren Teller leeren, die **Reste** Ihrer Kinder **essen** oder in der Küche nach dem Abräumen alle Schüsseln auskratzen. Diese Art von Lebensmittelverwertung verletzt lediglich Ihren Körper, sorgt bei Ihnen für Unwohlsein und schlimm-stenfalls Übergewicht und macht Ihrem Stoffwechsel Stress. Sie werden in den nächsten Lektionen erfahren, wie Sie lernen, **bewusster zu essen** und **Sättigung zu spüren**. Außerdem zeige ich Ihnen mit dem Essspektrum ein wichtiges Handwerkszeug, um Ihren Körper zwischen Hunger und Sättigung im Gleichgewicht zu halten.

Merke!

Der wichtigste Schlüssel zum intuitiven Essen ist es, die Mahlzeiten so achtsam und bewusst wie möglich einzunehmen!

Was aber bedeutet das?

Essen ist notwendig, weil wir unserem Körper Nährstoffe zuführen müssen, die er selbst nicht bilden kann. Seinen Bedarf an Nahrung signalisiert unser Organismus uns durch Hunger und Sättigung. Wie wir aber auch schon gelernt haben, hat unser Körper nicht vergessen, dass der Urmensch als Sammler unterwegs war. Das Sammeln und Speichern von Energie hat er nach wie vor verinnerlicht. Unser Organismus erkennt es weiterhin als seine Aufgabe, für magere Zeiten vorzusorgen. Damit der Körper in Balance bleiben kann, müssten zwischenzeitlich, wie es vor Urzeiten auch war, verschieden lange Nahrungspausen erfolgen.

In der heutigen Zeit haben wir dauernd Nahrung zur Verfügung, weshalb es nicht mehr zu Essenspausen kommen muss. Durch das Überangebot an Lebensmitteln kann es schnell passieren, dass von Mal zu Mal die Mahlzeiten umfangreicher werden. Unser Organismus nutzt die Chance und legt pflichtschuldig Reserven an. Mit der Größe der Mahlzeiten wächst, wie im Falle unserer Fettzellen, auch die Größe der Speicher. Diese größeren Speicher müssen wiederum mit mehr Energie versorgt werden, was dazu führt, dass wir mehr Hunger haben. Hieraus entsteht eine endlose Spirale.

Wir können essen, wann immer wir möchten. Dadurch besteht die Gefahr, dass wir unseren Stoffwechsel überfordern. Noch bevor die erste Mahlzeit vollständig verarbeitet ist, wird weitere Nahrung geliefert. Dadurch kommt unser Stoffwechsel nicht zur Ruhe, was mehrfach ungünstige Folgen hat.

Zunächst einmal verlernt unser Körper das Empfinden von Hunger und Sättigung. Dadurch entgleist unser Essverhalten und es ist sehr wahrscheinlich, dass wir dann mehr Nahrung aufnehmen, als uns gut tut.

Schwierig für unseren Stoffwechsel ist auch die neue Mode, dass überall Snacks an der Tagesordnung sind. Der Überblick über die Nahrungsmenge kann dadurch leicht verloren gehen. Da Snacks oft gegessen werden, während man etwas anderes tut, fehlt auch die Wahrnehmung dafür, dass man überhaupt etwas gegessen hat.

Unbewusstes Essen kann also ein ungünstiges Essverhalten und Übergewicht fördern!

Merke!

Die Methode des *intuitiven Essens* fußt, neben den vier Grundsätzen, vor allem auf dem folgenden Leitsatz:

"Ich esse immer so achtsam und so bewusst wie eben möglich!"

Dieser Satz zeigt schon, dass es hier nicht um Perfektionismus geht. Die Grundsätze des *intuitiven Essens* sollen so gut und so weit wie möglich im Alltag beherzigt werden. Auch wenn es mal nicht gut funktioniert, bedeutet das nicht, dass Ihre Bemühungen um eine Ernährungsumstellung erfolglos wären. Sie erhalten durch Schwierigkeiten oder Fehler, die Sie möglicherweise machen, neue Impulse, um zum Problemlöser in eigener Sache zu werden. In den nächsten Lektionen werden wir immer wieder auch hinterfragen, wie Sie auf Probleme in der Alltagsanwendung oder beim Überschreiben Ihrer alten Gewohnheiten reagieren können.

Arbeitsblatt 3: Zu den Grundsätzen des *intuitiven Essens*

In dieser Lektion habe ich Ihnen die vier Grundsätze des *intuitiven Essens* vorgestellt. Sie bilden das Fundament, auf dem Sie Ihre Fertigkeiten im *intuitiven Essen* und für ein Leben im Einklang mit Ihrem Körper aufbauen werden. Deshalb ist es so wichtig, dass Sie die Grund- und Leitsätze zu Ihrem neuen Wohlfühlwerkzeug machen, das Sie immer griffbereit haben sollten.

Bitte lösen Sie nun die folgenden Aufgaben:

1. Wie lautet der Leitsatz des *intuitiven Essens*?

2. Wie lauten die vier Grundsätze, auf denen die Methode des *intuitiven Essens* beruht?

3. Warum ist es so wichtig, möglichst langsam zu essen?

_____

_____

_____

_____

_____

4. Wie lange brauchen die Sensoren im Verdauungstrakt, um Sättigung zu signalisieren?

_____

_____

_____

5. Was tut unser Körper mit Nährstoffen, die er nicht benötigt?

_____

_____

_____

_____

6. Warum ist es eher hinderlich, die Ernährung nach rationalen Gesichtspunkten zusammenzustellen?

_____

_____

_____

_____

7. Wie signalisiert unser Körper, dass er Nahrung benötigt?

_____

_____

_____

8. Ist es wirklich ein Vorteil, dass wir in der heutigen Zeit immer und überall
   Nahrung zur Verfügung haben?

_____

_____

_____

9. Warum haben wir mehr Hunger, wenn die Fettspeicher größer werden?

10. Warum ist es für unseren Körper ungünstig, wenn wir ohne größere Pausen Nahrung aufnehmen?

Übung zur Vorbereitung auf die nächste Lektion:

Bitte absolvieren Sie zur Vorbereitung auf die nächste Lektion, nur für sich, zunächst die folgende Übung:

Zum Erlernen des achtsamen Essens ist es wichtig, dass Sie sich bewusst machen, wie viel Zeit Sie für die einzelnen Mahlzeiten aufwenden.

Bitte notieren Sie sich im Laufe der nächsten vier Tage die Zeiten und verschaffen Sie sich einen Überblick über die Anzahl und Dauer der Mahlzeiten. Notieren Sie bitte auch, wo bzw. in welcher Situation Sie gegessen haben.

<u>Als Beispiel:</u>

Mahlzeit	Uhr-zeit	Essens-dauer	Essplatz	Situation
Frühstück	6:15	7 Minuten	Küche	m. den Kindern
Arbeitspause	10:45	5 Minuten	Kantine	Kollegen
Mittag	13:00	20 Min.	Kantine	Kollegen
Abendessen	18:20	28 Min.	Küche	Familie
Chips	20:30	45 Min	Sofa	Tatort (TV)

Tag 1

Mahlzeit	Uhr-zeit	Essens-dauer	Essplatz	Situation

Tag 2

Mahlzeit	Uhr-zeit	Essens-dauer	Essplatz	Situation

Tag 3

Mahlzeit	Uhr- zeit	Essens- dauer	Essplatz	Situation

Tag 4

Mahlzeit	Uhr- zeit	Essens- dauer	Essplatz	Situation

Lektion 4: Vertiefende Grundsatzfragen

Im letzten Kapitel haben Sie die vier Grundsätze des *intuitiven Essens* und den **wichtigsten Leitsatz** kennengelernt. Auch ist Ihnen nun der Leitsatz bekannt, den Sie sich vor jeder **Mahlzeit** ins Gedächtnis rufen sollten, um sie **im Einklang mit Ihrem Organismus zu genießen**. Sie haben erfahren, dass unser Körper Nahrung nur dann sinnvoll für sich nutzen kann, wenn **die Menge stimmt** und wenn die richtigen Lebensmittel **zur richtigen Zeit** gegessen werden.

Mit Hilfe Ihres kleinen Ernährungstagebuches haben Sie sich einen Überblick darüber verschafft, was und wie viel Sie im Laufe eines Tages gegessen haben.

Damit wir uns den Grundsätzen des *intuitiven Essens* weiter nähern können, sollten wir nachfolgend ein paar Fragen betrachten, was wir mit dieser Lektion tun möchten. Vorher werden wir uns aber auch noch ansehen, wie natürlich schlanke Menschen es erreichen, schlank zu sein und es auch zu bleiben. Diese Information ist wichtig, damit Sie einen guten Einstieg in die Grundsätze des *intuitiven Essens* finden und vielleicht schon Ideen für die Alltagsanwendung entwickeln können.

Sie werden erkennen, dass das „Wie?", „Wann?", „Wo?" und „Warum?" Faktoren sind, die beinahe noch entscheidender sind als die Auswahl der Lebensmittel und die Anzahl der täglichen Mahlzeiten.

Eine Ernährungsumstellung bedeutet zunächst einmal, dass man die Lebensmittelauswahl und / oder die Mengen verändert. Das ist die ernährungsphysiologische Seite des Prozesses.

Es gibt aber auch noch weitere Aspekte, denen wir uns mit den nachstehenden Fragen nähern möchten.

Basierend auf dem Bild, das Sie sich in Ihrem Inneren geschaffen haben, haben Sie schon eine Ahnung davon, dass auch die Psyche und die mentale Einstellung zum Essen, zum Gewicht und zur äußeren Form Ihres Körpers eine Rolle in Bezug auf Ihre Wohlfühlzukunft und die Änderung Ihrer Ernährungsgewohnheiten spielen.

Welches Ziel verfolgen wir?

Am Ende dieses Buches sollen Sie das nötige Handwerkszeug an die Hand bekommen haben, um sich wie ein Mensch, der natürlich schlank ist, ernähren und verhalten zu können.

Was aber bedeutet natürlich schlank,
und wie kann dieses Ziel erreicht werden?

Die Menschen, die natürlich schlank sind, haben eine bemerkenswerte Fertigkeit entwickelt. Wer natürlich schlank ist, versorgt seinen Organismus *instinktiv* dann mit den richtigen Nahrungsmitteln, wenn sie benötigt werden. Sie hören bei angenehmer Sättigung auf zu essen und halten sich – das ist ganz wichtig – nicht an feste Essenszeiten oder -regeln. Der Zwang, gegen jedes Sättigungsgefühl den Teller leer oder einen Schokoriegel unbedingt bis zum Ende essen zu müssen, ist ihnen fremd. Somit können sie sich alle Lebensmittel, inklusive Süßigkeiten und FastFood erlauben, da sie ihren Organismus nicht damit überfrachten.

Merke!

Diese Menschen tun das, was Sie durch die Lektüre dieses Buches zumindest in ersten Ansätzen lernen werden. Das Ziel des Einführungskurses, auf Grundlage dessen das Buch basiert, ist es, dass Sie die mentalen und ernährungsphysiologischen Grundlagen beherrschen und für sich einen Weg finden, wie Sie die Reise in Ihre neue Wohlfühlzukunft gestalten können.

Warum essen wir?

Diese Frage lässt sich vermutlich leicht beantworten, wenn man sie oberflächlich betrachtet. Zunächst und in erster Linie essen wir, um den leeren Bauch zu füllen. Wenn wir Hunger haben, möchten wir satt werden. Aber gibt es noch weitere Gründe, die zum Essen führen könnten?

Leider ja, wie wir auch in der dritten Lektion schon gesehen haben.

Essen kann eingesetzt werden, damit wir uns belohnen oder trösten. Auch zur Bewältigung von Frustrationen kann es zunächst mal wohltuende Wirkung entfalten. Das Essen hat damit seine ursprüngliche Funktion, nämlich den Körper bei Hunger mit notwendigen Nährstoffen zu versorgen, verloren.

Merke!

Es sollte **nur dann** etwas gegessen werden, **wenn unser Körper Nährstoffe benötigt.** Essen darf **nicht der Befriedigung oder Unterdrückung von Emotionen dienen.**

Merke!

Wenn wir unserem Körper Nährstoffe zuführen, dann kann er diese nur dann sinnvoll nutzen, wenn wir aus körperlichem Hunger essen.

Essen aus emotionalen Gründen führt zu Übergewicht und nach ersten Glücksgefühlen zumeist auch zu einer psychischen Belastung. Möglicherweise fühlen Sie sich schlecht, weil Sie mit sich und Ihrem Körper nicht zufrieden sind. Sie haben aber auf der anderen Seite den Eindruck, dass Sie Ihr schlechtes Gewissen, Kummer oder Frust "versüßen" könnten, indem Sie etwas essen. Oft sind es dann auch gerade die Lebensmittel, die einen schlechten Ruf haben und diesem, in den meisten Fällen, auch ernährungsphysiologisch gerecht werden.

Es ist kein Geheimnis, wenn ich sage, dass beim *intuitiven Essen* nichts verboten ist. Auch die Lebensmittel, die als ungesund gelten, können manchmal wichtig sein, um Ernährungsdefizite auszugleichen oder, im absoluten Ausnahmefall, eine Emotion zu bedienen. Wie das in der Alltagsanwendung funktioniert, sehen wir in einer späteren Lektion.

Merke!

Der Einsatz von Nahrung aller Art zur Belohnung, Überwindung von Frust, Kummer oder Stress ist absolut tabu, denn das eigentliche Problem wird dadurch nicht gelöst!

Merke!

Schokolade, FastFood und Co. sind manchmal unumgänglich, weil Sie diese besonderen Genussmomente brauchen. Analysieren Sie aber bitte stets, warum es dazu gekommen ist.

Wohin wollen wir?

Wie wir erkannt haben, dient die **Nahrung** der wichtigen Versorgung unseres Körpers. Sie **ist nicht dazu da, Emotionen zu befriedigen.**

Dennoch soll Essen auch **Genuss** sein. Hierzu ist es wichtig, das sei nochmals erwähnt, Lebensmittel nicht mehr in gut oder schlecht bzw. gesund oder ungesund zu klassifizieren. Es ist alles erlaubt, wie Sie auf verschiedenen Seiten dieses Buches schon erfahren haben.

Wenn Sie Ihren Organismus mit den passenden Lebensmitteln versorgen, werden Sie spüren, wie sich nach und nach eine körperliche und seelische Zufriedenheit einstellt und Sie alltäglichen Anforderungen mit Ruhe und Gelassenheit und mit der nötigen Kraft entgegentreten können. Sie werden verstehen, dass Ihr Körper die Nahrung mit ihren 47 Grundbausteinen benötigt, während Ihre Seele und Psyche anders als durch Lebensmittel ernährt und gesättigt werden müssen.

Sie sollten für sich erkennen, dass Ihr Körper für Sie nicht im Wohlfühlmodus arbeiten und funktionieren kann, wenn er zur falschen Zeit mit der falschen Nahrung konfrontiert wird. Dies hat nicht nur Einfluss auf Ihren Stoffwechsel, sondern auch auf Ihre Verfassung

Merke!

Wir wollen genau da hin, wo die Menschen, die natürlich schlank sind, sich bereits befinden.

Wie essen wir?

Nun wird es Zeit, auf die Übung zu schauen, die Sie auf Seite 39 absolviert haben. Bitte hinterfragen Sie für sich, welchen Stellenwert Sie der Tätigkeit des Essens und dem Genuss der Mahlzeiten eingeräumt haben.

Leider ist es vielfach in der heutigen Zeit so, dass dem Essen keine große Bedeutung beigemessen wird. Es ist eine Notwendigkeit, um nicht zu verhungern. Die **Zeit**, die **für die Zubereitung und das Essen** selbst aufgewendet werden muss, gilt als verschwendet.

Auch der **Qualität eines Lebensmittels** wird oft wenig Beachtung geschenkt. Somit werden oft Dinge gegessen, die wenig wertvoll, dafür aber zu fettig und / oder zu süß oder zu salzig sind. Auf die Frage, was ein Lebensmittel wertvoll macht, werden wir in einer späteren Lektion noch eingehen.

Wenn gegessen wird, während eine andere, als wichtiger eingestufte Tätigkeit ausgeführt wird, sind die Sättigungssensoren irritiert. Wie bereits in

„Lektion 3: Die Grundpfeiler des intuitiven Essens" erklärt, benötigt unser Organismus 20 bis 30 Minuten, um ein Sättigungsgefühl zu signalisieren. Wenn das Essen neben einer anderen Tätigkeit stattfindet, kommt es in der Verbindung zwischen Bauch und Gehirn zu Fehlinterpretationen. Die Folge ist, dass wir häufig viel zu viel an Nahrung aufnehmen. Unser Organismus hat keine andere Chance, als die zu viel gegessenen Kalorien in die Fettspeicher zu schieben.

Merke!

Essen nebenbei erhöht die Gefahr, zu viel zu essen und Übergewicht auszubilden.

Die Tätigkeit des Essens sollte an einem Platz stattfinden, der auch tatsächlich zum Essen vorgesehen ist. Auto, Arbeitsplatz oder essen, während man einen Fußweg bewältigt, sollten von heute an als No-Go betrachtet werden.

Auch Handy oder Computer haben während der Mahlzeit am Essplatz nichts zu suchen. Machen Sie sich bewusst, dass keine Mail oder Kurznachricht so wichtig sein kann, dass Sie nicht 20 Minuten essen könnten, ohne etwas Wichtiges zu verpassen.

Es gibt tatsächlich Menschen, die ihre Mahlzeiten gelegentlich ohne Ablenkung, sogar mit geschlossenen Augen, einnehmen. Experimentieren Sie gern auch mal in dieser Richtung. Sie werden vermutlich den Geschmack, Geruch und die Textur der Lebensmittel viel intensiver wahrnehmen. Vielleicht ist genau dieses Experiment für Sie der erste Schritt zu neuen Genussmomenten.

Sie werden mit Ihrem Körper in Kontakt kommen und die Sensoren für die unterschiedlichen Geschmacksrichtungen und für das Sättigungsgefühl werden in neuer Intensität zu Ihnen durchdringen.

Arbeitsblatt 4: Annäherung an die Grundsätze

Nachdem Sie in Lektion 3 die Grund- und Leitsätze des *intuitiven Essens* kennengelernt haben, wurden Sie mit dieser vierten Lektion durch vertiefende Fragen weiter in Richtung eines entspannten Essverhaltens geführt.

Auch wenn es etwas mühsam ist, ist es sehr wichtig, dass Sie diese theoretischen Ansätze umfassend verstanden und verinnerlicht haben. Dann wird es Ihnen später, wenn es um die Anwendung im Alltag geht, leichtfallen, das Gelernte zu übertragen.

Bitte lösen Sie nun die folgenden Aufgaben:

1. Erläutern Sie bitte mit eigenen Worten, welche Folgen es hat, wenn Sie das Essen als „Beschäftigung nebenbei" betrachten.

2. Benennen Sie mit Ihren eigenen Worten die Gründe, aus denen man nicht essen sollte.

3. Erläutern Sie bitte, warum Lebensmittel nicht in gut oder schlecht eingeteilt werden sollten.

---

4. Bitte erläutern Sie, was eine Ernährungsumstellung – bezogen auf Menge
   und Lebensmittelauswahl – bedeutet.

---

5. Bitte beschreiben Sie mit Ihren Worten den einzigen Grund, aus dem man
   Nahrung zu sich nehmen sollte.

Lektion 5: Hunger ist der beste Koch

"Hunger ist der beste Koch" – sagt der Volksmund.

Fest steht, dass der Hunger ein wichtiger Signalgeber unseres Körpers sein kann, wenn wir gut im Kontakt mit unserem Organismus sind. Der Hunger kann jedoch auch in die Irre führen, wenn wir die Signale falsch deuten.

In den vorangegangenen Lektionen haben wir erarbeitet, dass nur bei körperlichem Hunger gegessen werden soll. Was genau der richtige Hunger ist, der dann auch durch Nahrung gestillt werden soll, lernen Sie in dieser Lektion. Weiter lernen Sie, in welchen Formen Ihnen der Hunger begegnen kann und in welchen Situationen Sie hinterfragen sollten, ob es sich um körperlichen oder seelischen Hunger handelt.

Zunächst möchte ich Ihnen noch einmal das Ziel dieses Kurses in Erinnerung rufen:

Sie sollen lernen, wie natürlich schlanke Menschen
nur bei körperlichem Hunger zu essen.

Außerdem möchte ich Ihnen ein Geheimnis verraten: **Nur dann zu essen, wenn man wirklich hungrig ist, ist etwas sehr Schönes und Wohltuendes!** Sie werden merken, dass Sie Ihre Nahrung in einer völlig neuen Intensität genießen können. Ihr Körper wird sich bei Ihnen dadurch bedanken, dass er kraftvoll und leistungsfähig ist. Somit werden Sie ausgeglichener und zufriedener sein. Sie werden Anforderungen bewältigen, die Sie in Ihrem alten Leben für unlösbar gehalten haben.

Diese neuen Ressourcen ergeben sich aus der Tatsache, dass Ihr Körper zufrieden ist und Ihr Stoffwechsel hervorragend funktioniert. Die richtigen Nährstoffe, die Sie zur richtigen Zeit zuführen, belasten Ihren Körper nicht. Sie werden optimal genutzt und da, wo es nötig ist, eingesetzt. Ihr Organismus kann alle Regenerationsprozesse, vor allem in Zusammenarbeit mit einem guten und erholsamen Schlaf, durchlaufen, so dass nicht nur Ihr Körper, sondern auch Ihr Geist und Ihre Seele gekräftigt werden. So haben Sie Energie für den ganzen Tag mit seinen diversen Anforderungen.

Lernen wir nun zunächst den körperlichen Hunger mit seinen verschiedenen Ebenen, nämlich Zell-, Magen- und Sinneshunger, kennen:

1. Zellhunger

Unsere Zellen, die kleinsten Teile unseres Körpers, benötigen Energie, um sich teilen zu können, Abfallstoffe abzutransportieren usw. Fehlt Energie, können diese wichtigen Prozesse nicht stattfinden. Wenn Energie fehlt, wird Hunger signalisiert.

2. Magenhunger

Dieser Hunger entsteht tatsächlich im Magen. Der Magen steht in enger Verbindung mit dem Darm, der mit einem eigenen System aus Nerven und Hormonen umgeben ist. Dank dieses Systems, das wiederum über Nervenbahnen mit dem Gehirn kommuniziert, erhalten wir die Informationen darüber, was und wie viel davon wir essen sollten.

3. Sinneshunger

Mit dem Geruchs- und dem Geschmackssinn verfügen wir über Essenssinne, die uns – bezogen auf die Lebensmittelauswahl und die Nahrungsmenge – hervorragend unterstützen. Lebensmittel, die Brauchbares enthalten, empfinden wir appetitlich. Zunächst schmecken sie gut, solange wir hungrig sind. Mit zunehmender Sättigung verlieren diese verlockenden Lebensmittel ihren Reiz.

Merke!

Diese Ausführungen beziehen sich nur auf das Essen bei vorliegendem Körperhunger. Es sei hier nochmals erwähnt, dass seelischer Hunger kein guter Grund zur Nahrungsaufnahme ist.

Merke!

Die Essenssinne liefern keinen Grund zum Essen, sie sind aber eine wertvolle Hilfe, um Nahrungsmittel auszuwählen und die Menge zu bestimmen.

Wie aber können Sie den Hunger auf seinen verschiedenen Ebenen erkennen und unterscheiden?

Der **körperliche Hunger** kündigt sich mit sehr vielseitigen Signalen in unterschiedlichster Intensität an. Deshalb ist es oft auch schwierig, die Zeichen richtig zu deuten. Es gibt frühe, mittlere und späte Signale.

Die Frühsignale, in Verbindung mit dem **Zellhunger**, sind oftmals nicht leicht zu bemerken. Sie beinhalten oft nur eine Idee vom Essen. Vielleicht merken Sie, dass Sie unvermittelt an Essbares denken oder dass Sie bei dem, was Sie gerade tun, nicht mehr die nötige Konzentration aufbringen können. Vielleicht wird Ihnen auch bewusst, dass Sie sich aus einem Grund, den Sie nicht näher benennen können, benommen fühlen oder abgelenkt sind.

Der **Magenhunger** ist da schon energischer und dadurch auch besser spür- und erkennbar. Er äußert sich durch ein leeres Gefühl im Bauch. Das Gefühl wird mit der Zeit immer drängender und fordernder. Es bildet die mittlere Signalebene und kann sich bis zum späten Hungersignal steigern.

Sie ahnen bereits, dass es neben dem körperlichen Hunger mit dem **Seelenhunger** eine zweite Ebene gibt. Zum besseren Verständnis möchte ich hier sogar so weit gehen, den körperlichen Hunger als den richtigen und den Seelenhunger als den falschen zu bezeichnen.

Wie aber definiert sich der falsche Hunger?

In diesem Fall sprechen wir von einem Essensdrang, der nicht durch einen Bedarf des Körpers nach Nahrung ausgelöst ist. Von **Essensdrang** sprechen wir, wenn das Essen eine Ersatzhandlung wird, um Emotionen zu befriedigen, Langeweile zu vermindern oder einer anderen oralen Befriedigung dient.

Merke!

Wie bereits in Lektion 4 erwähnt, kann das Essen, das zur Befriedigung von Emotionen geschieht, das eigentliche Problem nicht lösen. Es bleibt immer eine Ersatzhandlung. Es ist im Interesse Ihrer Wohlfühlzukunft angezeigt, andere schöne und entlastende Lösungen zu finden, damit Sie Ihre negativen Empfindungen nicht mehr mit Essen befriedigen müssen.

Dieser falsche Hunger kommt oft sehr plötzlich und drängend. Er kommt auch meist in immer wiederkehrenden Situationen. Dadurch entstehen Gewohnheiten, die, wie wir in der zweiten Lektion gelernt haben, von unserem alten Reptiliengehirn sehr gern angenommen werden. Es empfindet sie als positiv und lebenserleichternd und wird immer wieder darauf zurückgreifen.

Um *intuitiv essen* zu können, ist es zunächst wichtig, den falschen und den richtigen Hunger zu unterscheiden.

Wenn Sie schon mehrfach Diäten ausprobiert haben, oder wenn Sie Ihr Gewicht durch Disziplin korrigieren wollten, haben Sie möglicherweise verinnerlicht, dass Sie dem Hunger nicht immer gleich nachgeben sollen, um nicht unnötig Nahrung aufzunehmen.

Ich möchte Sie heute ermutigen, einen neuen Weg zu beschreiten. **Machen Sie den echten körperlichen Hunger zu Ihrem Freund.** Vertrauen Sie ihm und akzeptieren Sie seine Signale. Er wird Ihnen helfen, immer das Richtige zu essen, damit Sie und Ihr Körper gut gesättigt und zufrieden sind. Der falsche seelische Hunger hat somit kaum noch eine Chance. Bei guter körperlicher Sättigung wird es Ihnen leichter fallen, im Falle von Essensdrang gute andere Verhaltensweisen zu entwickeln, die Ihren Körper nicht mehr in negativer Weise belasten. Ihr Körpergewicht ist dann kein Thema mehr.

Eine Klippe gibt es aber doch noch, die ich Ihnen nicht vorenthalten möchte:

Die frühen Hungersignale sind, wie oben bereits ausgeführt, oft nur schwer zu deuten. So sind sie auch **leicht mit Durst zu verwechseln**, der sich zu Beginn sehr ähnlich äußert. Klar zu erkennen ist der Durst immer erst dann, wenn ein trockenes Gefühl im Mund entsteht.

Wenn Sie sich nicht sicher sind, ob Hunger oder Durst signalisiert wird, dann sollten Sie zunächst einmal ein großes Glas Wasser trinken.

Wenn Sie danach noch immer das Gefühl haben, dass der Bedarf nicht befriedigt ist, warten Sie bitte noch etwa zehn Minuten. Wie die Sensoren, die die Sättigung registrieren, etwa 20 Minuten benötigen, um das Sättigungssignal zu transportieren, benötigen auch unsere körperlichen Flüssigkeitsmesser etwa zehn Minuten, um das Glas Wasser zu registrieren.

Wenn Sie tatsächlich nach diesen zehn Minuten noch immer ein Hungersignal spüren, dann ist es tatsächlich richtiger körperlicher Hunger, den Sie unbedingt befriedigen sollten.

Merke!

Wenn Sie *intuitiv essen* möchten, haben Sie zunächst die Aufgabe, richtigen und falschen Hunger unterscheiden zu lernen. Bedenken Sie, dass es auch Durst sein kann und trinken Sie zunächst ein großes Glas Wasser!

Weiter oben habe ich Ihnen die Empfehlung gegeben, den richtigen echten Hunger zu Ihrem Freund zu machen. Vielleicht hilft es Ihnen, sich diesen Freund bildlich vorzustellen. Versuchen Sie in Gedanken, die Figur dieses Freundes zu erschaffen. Wenn Sie mögen, zeichnen Sie die Figur und hängen Sie das Bild an eine Stelle, an der Sie Ihrem Freund häufig über den Weg laufen können. Er wird Sie daran erinnern, dass er für Sie da ist.

Arbeitsblatt 5: Hunger ist der beste Koch

In diesem Kapitel haben Sie den Hunger in seinen verschiedenen Formen und Intensitäten kennengelernt. Ich wünsche Ihnen, dass Sie es schaffen werden, den Hunger zu Ihrem besten Freund zu machen.

Bitte lösen Sie nun die folgenden Aufgaben:

1. Bitte benennen Sie die drei Ebenen, auf denen Hunger auftreten kann

2. Bitte beschreiben Sie mit Ihren Worten, wie die drei Ebenen des Hungers sich darstellen.

3. Erläutern Sie bitte mit Ihren eigenen Worten die Funktion des Sinneshungers.

---

4. Beschreiben Sie bitte, wie sich der Hunger mit seinen frühen Signalen
   ankündigen kann.

---

5. Der Magenhunger kündigt sich wesentlich deutlicher an. Bitte beschreiben Sie, wie sich seine Signale zeigen.

---

6. Führen Sie bitte aus, wie sich der seelische Hunger vom körperlichen Hunger unterscheidet.

_____

_____

_____

_____

_____

7. Bitte erläutern Sie, warum es ungünstig ist, die frühen Hungersignale zu ignorieren.

_____

_____

_____

_____

8. Bitte erläutern Sie, warum es sinnvoll sein kann, ein großes Glas Wasser zu trinken, bevor Sie zum Essen greifen.

_____

_____

_____

_____

9. Bitte führen Sie aus, warum es wichtig ist, nach dem Trinken zu warten und das Hungergefühl zu überprüfen.

_____

_____

_____

_____

Lektion 6: Eine kleine Ernährungslehre

Jetzt kommen wir tatsächlich zum Essen!

Mit den letzten fünf Lektionen habe ich Ihren Werkzeugkasten mit den wichtigsten Instrumenten gefüllt, die Sie benötigen, um *intuitiv* im Einklang mit Ihrem Organismus essen und später auch leben zu können.

Sie konnten sich mental positionieren und stärken. Damit sind die besten Voraussetzungen für eine erfolgreiche Ernährungsumstellung geschaffen.

Vermutlich wundern Sie sich schon darüber, dass wir noch gar nicht über die Lebensmittel und ihre Inhaltsstoffe gesprochen haben. Deshalb lade ich Sie hier und jetzt zu einer kleinen Ernährungslehre ein. Auf den folgenden Seiten werden Sie etwas über die Elemente einer alltagstauglichen guten Ernährung erfahren. Sie werden Hilfen erhalten, um zukünftig ganz einfach gute Mahlzeiten zusammenstellen zu können. Außerdem wird die Verbindung zwischen den Ideen des *intuitiven Essens* und der Ernährung zur Sättigung und Gesunderhaltung unseres Körpers geknüpft werden.

Die Elemente unserer Nahrung

Wenn Sie Ihren Körper in Zukunft gut nähren möchten, ist es wichtig, ihm regelmäßig die 47 Grundbausteine, aus denen eine ausgewogene Ernährung besteht, zur Verfügung zu stellen.

Sollten Sie diese Aufgabe als schwierig empfinden, kann ich Sie beruhigen. Mit einer **abwechslungsreichen Mischkost** haben Sie gute Chancen, alle nötigen Nährstoffe zu erwischen. Das *intuitive Essen* erlaubt es Ihnen, sich auf **Ihre Körpersignale** zu verlassen. Somit müssen Sie sich kaum um die Inhaltsstoffe eines Lebensmittels sorgen. Ihr Organismus kann, wenn Sie mit ihm zusammenarbeiten, ganz allein für sich sorgen.

Mit der Zeit werden Sie lernen, dass Ihr Körper zufriedener ist, wenn sie ihm hochwertigere Lebensmittel anbieten. Die Umstellung, z.B. von Weiß- auf Vollkornbrot kann eine Weile dauern. Wenn Sie und Ihr Darm sich aber daran gewöhnt haben, werden Sie belohnt mit Kraft, Aktivität und Ausdauer. Sie werden sich rundum wohlfühlen.

Grob gerastert lassen sich die einzelnen Elemente in **Makro- und Mikro-nährstoffe** einteilen.

Die **Makronährstoffe** sind diejenigen, die Energie liefern und damit unseren Körper sättigen. Wir müssen sie in großer Menge durch die Nahrung aufnehmen, so dass sie die Substanz unserer Mahlzeiten bilden.

Die **Mikronährstoffe** dagegen liefern keine Energie. Sie sind aber erforderlich, damit biochemische Prozesse in unserem Körper überhaupt erst stattfinden können. Die Mikronährstoffe müssen, im Gegensatz zu den Makronährstoffen, nur in ganz kleinen Mengen über die Nahrung zugeführt werden.

Der Gruppe der Makronährstoffe gehören Fett, Eiweiß und Kohlenhydrate an. Fette und Eiweiße können sowohl aus pflanzlichen als auch aus tierischen Lebensmitteln stammen.

Kohlenhydrate beziehen wir hingegen aus pflanzlichen Lebensmitteln wie Kartoffeln, aber auch Getreide und Nüssen.

Der großen Gruppe der Mikronährstoffe sind Vitamine, und Spurenelemente zuzuordnen. Die Spurenelemente, dürfen nur in kleinen Mengen aufgenommen werden, da sie in zu großer Menge möglicherweise schädlich bis giftig sind. Es geht hier beispielsweise um Metalle wie Eisen, Kalzium und Kupfer. Aber auch die Vitamine, die ein gewaltiges Gesundheitsimage mitbringen, können überdosiert schädlich sein.

Eine weitere Nährstoffgruppe sind die sekundären Pflanzenstoffe. Das ist eine riesige Gruppe von Elementen, die, wie die Mikronährstoffe, unseren Körper in den verschiedensten Prozessen unterstützen. Laut der deutschen Gesellschaft für Ernährung, DGE werden nach wissenschaftlichen Gesichtspunkten derzeit 100.000 einzelne

Elemente beschrieben. Wir finden die sekundären Pflanzenstoffe in Obst und Gemüse, aber auch in Nüssen, Hülsenfrüchten wie Erbsen, Bohnen und Linsen sowie in Vollkornprodukten.

Schauen wir uns nun die beiden Gruppen genauer an:

Die Makronährstoffe

Die Elemente, mit denen wir uns an dieser Stelle beschäftigen, sind also Fett, Eiweiß und Kohlenhydrate.

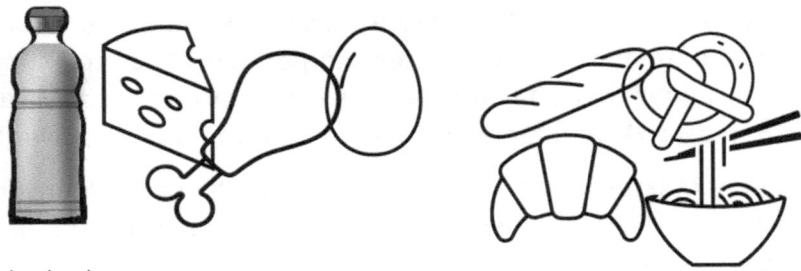

Die Kohlenhydrate

Kohlenhydrate liefern Energie und dienen in kleinen Teilchen auch als Baustoff in unserem Körper.

Sie lassen sich in schnell und langsam verfügbare Stoffe einteilen. Eigentlich geht es immer darum, dass kurze oder längere Zuckerketten in kleinste Teilchen, Glukose, aufgespalten und im Körper verwertet werden müssen. Alle Kohlenhydrate sind dem Grunde nach Zucker mit unterschiedlichen Eigenschaften, die in ihre Kleinstteilchen zerlegt werden müssen.

Die Umwandlung in die kleinsten Teilchen zur Glukose (Traubenzucker) geschieht in der Darmschleimhaut. Die Traubenzuckermoleküle passieren die Darmwand und kommen so ins Blut. Von dort aus stehen sie dem Organismus zur Verfügung.

Schnell verfügbar sind die Einfach- sowie Mehrfachzucker (Traubenzucker, Haushaltszucker, Fruchtzucker usw.).

Die langsam verfügbaren, also langkettigen Kohlenhydrate sind z.B. so etwas wie Stärke, Dextrin usw. Der Körper braucht länger, um die einzelnen Moleküle aufzuspalten; deshalb bleiben wir länger satt. Diese sogenannt komplexen Kohlenhydrate sollten den größten Teil der gegessenen Kohlenhydratmenge ausmachen, weil sie den Blutzuckerspiegel kaum ansteigen lassen und damit Heißhunger gar nicht erst aufkommen kann.

Kohlenhydrate werden als Glykogen in der Leber und den Muskeln gespeichert und bei Bedarf z.B. bei Anstrengung genutzt. Sind die Speicher in Leber und Muskeln voll, werden die überschüssigen Kohlenhydrate nicht etwa ausgeschieden, sondern sie werden in Form von Fett angelagert.

Die für unseren Darm so wichtigen Ballaststoffe sind ebenfalls der großen Gruppe der Kohlenhydrate zuzuordnen. Diese werden nicht umgebaut, sondern unverdaut wieder ausgeschieden.

Die Eiweiße

Eiweiße, auch Proteine genannt, spielen eine große Rolle als Baustoffe für unsere Zellen. Eine Zelle unseres Körpers kann bis zu 5000 verschiedene Proteine enthalten.

Die Proteine sind, wie die Kohlenhydrate, aus vielen kleinen Teilchen zusammengesetzt. Diese nennt man Aminosäuren. Es sind 20 verschiedene Aminosäuren bekannt, die Tausende von Proteinen bilden können. Neun dieser Aminosäuren sind essenziell; sie müssen mit der täglichen Nahrung aufgenommen werden. Der Körper kann sie nicht selbst bilden. Diese essenziellen Aminosäuren finden wir vor allem in unseren Muskeln.

Alle Proteine haben ihre Aufgaben. So gibt es welche, die den Körper vor fremden Zellen, also z.B. Krankheitserregern, schützen, andere transportieren die Stoffe im Blut und auch die Mehrzahl an Hormonen ist aus Proteinen aufgebaut.

Eiweiß finden wir vor allem in Fisch, Fleisch, Eiern, Vollkornprodukten und Hülsenfrüchten.

Je hochwertiger ein Eiweiß ist, umso besser kann unser Organismus es verarbeiten. Die Wertigkeit, also Ausnutzbarkeit, richtet sich nach dem Aufbau des Proteins. Je ähnlicher es unserem körpereigenen Eiweiß ist, umso besser kann unser Organismus es verwerten.

Gerade im Zusammenhang mit Eiweiß ist gut erkennbar, warum es so wichtig ist, sich abwechslungsreich zu ernähren. In den Industrienationen wird durch ein Zuviel an Fleisch zwar reichlich Eiweiß aufgenommen; dies geht aber leider oft auch mit einer zu hohen Zufuhr an Fett und Cholesterin einher. Dieses Ungleichgewicht führt nur allzu oft zu schweren Erkrankungen.

Die Fette

Fette sind der Hauptenergielieferant unseres Körpers. Sie sind ein wichtiger Baustein für unsere Zellmembranen und wichtig als Träger fettlöslicher Vitamine. Mit dem Nahrungsfett nehmen wir essenzielle Fettsäuren auf, die unser Organismus nicht selbst bilden kann. Es ist unausweichlich, dass wir sie aus den verzehrten Lebensmitteln erschließen.

Obwohl sie einen sehr schlechten Ruf haben, ist wichtig zu wissen, dass die unterschiedlichen Fette für uns lebensnotwendig sind.

Fett hat eine lange Verweildauer im Magen. Das ist der Grund, warum es sehr lange sättigt.

Wir müssen unserem Organismus Fett zuführen. Dabei sollten wir mit den gesättigten Fetten sparsamer sein als mit den einfach und mehrfach ungesättigten Fettsäuren.

Möglichst gar nicht essen sollten wir **Transfette**, die durch Verarbeitung wie z.B. Öl zu Margarine entstehen. Diese Transfette finden wir auch in Brotaufstrichen wie Nutella, in Frittierfetten usw. Sie entstehen auch, wenn Pflanzenöle zu hoch erhitzt werden. Vor allem durch den Genuss von Fertiggerichten kommen wir immer mehr mit diesen ungesunden Fetten in Berührung.

Das Hauptproblem ist, dass unser Körper diese Stoffe zunächst als Fett erkennt, er diese entarteten Elemente aber nicht vollständig verstoffwechseln kann. Um sich nicht unnötig zu belasten, legt er diese Reststoffe in den Fettzellen ab, wo sie dann ungenutzt lagern.

Merke!

Wir müssen in gewissem Umfang Fett zu uns nehmen, um überleben zu können. Gutes Fett, wie es in der Natur in Nüssen, ölhaltigen Pflanzen oder Fisch vorkommt, macht uns nicht fett, sondern gesund. Sparsam zugreifen sollten wir möglichst bei gesättigten Fetten, wie sie in fettem Fleisch, Wurstwaren usw. vorkommen. Völlig vermeiden sollten wir Transfette, die durch hohe Verarbeitung von Lebensmitteln entstehen.

Die Mikronährstoffe

Vitamine sind größtenteils essenziell. Sie müssen mit der Nahrung aufgenommen werden, weil der Körper sie selbst nicht bilden kann.

Wir können die Vitamine in zwei Gruppen, nämlich die, die in Fett aufgelöst sind, und die, die im Wasser gelöst sind, einteilen.

Sie liefern keine Energie, sind aber für verschiedenste Aufgaben in unserem Stoffwechsel sowie für die Verarbeitung von Fett und Kohlenhydraten in Energie und Baustoffe für unseren Organismus unerlässlich. Sie stärken unsere Abwehrkräfte und tragen Sorge dafür, dass unser Nervensystem funktioniert.

Neben Kohlenhydraten, Fett, Eiweiß und Vitaminen benötigt unser Organismus täglich auch Mineralstoffe (die sogenannten **Spurenelemente**). Sie müssen mit der Nahrung in kleinsten Mengen zugeführt werden. Der Organismus kann sie nicht selbst bilden. Wie die Vitamine sind auch sie erforderlich, damit notwendige biochemische Prozesse in unserem Körper überhaupt erst stattfinden können.

Spurenelemente wie Eisen, Zink, Kalzium, Kalium usw. müssen gut dosiert aufgenommen werden. Manche Vertreter dieser Stoffgruppe sind, wenn zu viel davon aufgenommen wird, giftig. Darum kann es ungesund bis gefährlich sein, ohne den Rat eines Arztes Spurenelemente über Nahrungsergänzungsmittel zuzuführen.

Wie Sie es nun schaffen, all die wichtigen Elemente einer guten Ernährung auch aufzunehmen, erfahren Sie in der nachfolgenden Lektion.

Arbeitsblatt 6: Zur kleinen Ernährungslehre

In der letzten Lektion haben Sie erfahren, welche Elemente unsere Nahrung enthält und wie sie einzuteilen sind.

Es ist wichtig, wenn Sie die Signale Ihres Körpers verstehen möchten, dass Sie wissen, wo sie Fette, Eiweiße und Kohlenhydrate finden. Wie Sie die Mahlzeiten nach den Rückmeldungen Ihres Körpers zusammenstellen und wie Sie das mit dem *intuitiven Essen* zusammenführen, erfahren Sie in der folgenden Lektion.

Jetzt ist noch einmal wichtig, dass Sie die Informationen über die Grundelemente unserer Nahrung verinnerlichen und sie für die Zukunft immer parat haben.

Bitte lösen Sie nun die folgenden Aufgaben:

1. In welche großen Gruppen lassen sich die Elemente unserer Nahrung einteilen?

2. Warum ist es für unseren Organismus vorteilhaft, wenn wir möglichst hochwertige Lebensmittel verwenden?

3. Bitte benennen Sie die Nährstoffe, die unserem Organismus Energie liefern.

4. Bitte beschreiben Sie, was in unserem Körper mit den Kohlenhydraten geschehen muss, bevor sie genutzt werden können.

_____

_____

_____

_____

_____

_____

5. Bitte benennen Sie wenigstens 5 eiweißhaltige Lebensmittel bzw. Lebensmittelgruppen.

_____

_____

_____

_____

_____

_____

6. Welche Fette machen uns nicht fett?

7. Bitte erläutern Sie, was Transfette sind und warum wir sie vermeiden sollten.

8. Bitte erläutern Sie, warum es gefährlich sein kann, Nahrungsergänzungsmittel ohne ärztlichen Rat einzunehmen.

Lektion 7: Richtig essen - Kalorien zählen vergessen!

Ich freue mich, dass Sie weiterhin motiviert am Ball sind!

In der letzten Lektion haben Sie die Nährstoffe und ihre Wichtigkeit für unseren Körper kennengelernt. Sie haben jetzt das nötige Rüstzeug, um Ihre Mahlzeiten zusammenstellen zu können.

In den meisten Ernährungssystemen wird es jetzt schwierig, weil es ans Punkte- oder Kalorienzählen geht. Auch Tages- oder Wochenpläne, die nichts mit Ihrem tatsächlichen Bedarf zu tun haben, könnten zum Einsatz kommen.

Freuen Sie sich!

Denn im *intuitiven Essen* bleibt Ihnen das alles erspart. Es muss nichts gezählt oder abgewogen werden. Sie folgen keinem Plan und hören entspannt auf Ihren Körper.

Auf den folgenden Seiten erfahren Sie, wie Sie ganz einfach ohne Abwiegen oder Rechnen Ihre Mahlzeiten zusammenstellen und Ihren Körper optimal versorgen können. So haben Sie alle nötigen Werkzeuge zur Verfügung, um im Alltag entspannt essen zu können.

Essen im Einklang mit dem Körper und dem Biorhythmus

„Morgens sollst Du essen wie ein König, mittags wie ein Kaiser und abends wie ein Bettelmann" – das sagte immer meine Oma. Sie meinte damit, dass man morgens gut, mittags reichlich und am Abend eher kaum etwas essen sollte. Wenn Sie sich Ihrem Körper und damit Ihrem eigenen Biorhythmus nähern, werden Sie feststellen, dass Sie vielleicht zu der Personengruppe gehören, auf die dieses Schema tatsächlich zutrifft.

Es kann aber auch sein, dass es bei Ihnen ganz anders ist. Ich z.B. esse eher morgens wie ein Bettelmann, mittags wie ein König und am Abend, zwei bis drei Stunden vor dem Schlafengehen, wie ein Kaiser.

Jeder Mensch ist verschieden – und so verschieden sind auch die genetischen bzw. chronobiologischen Vorlieben für die Verteilung der Mahlzeiten.

Seien Sie mutig und vertrauensvoll! Ihr Organismus wird Ihnen nach einiger Zeit deutlich zeigen, wann er eine Mahlzeit benötigt, wie groß diese ausfallen muss und was genau es denn im Augenblick sein soll.

Lassen Sie sich nicht irritieren von Aussagen wie "Das Frühstück ist die wichtigste Mahlzeit des Tages!" oder "Verzicht auf die Abendmahlzeit hilft beim Abnehmen!"

Natürlich gibt es ausreichende wissenschaftliche Erkenntnisse, die belegen, dass dies auf viele Menschen zutrifft. *Aber vielleicht bei Ihnen gerade nicht!* Seien Sie wachsam und hören Sie in sich hinein!

Wie können wir ausgewogene Mahlzeiten zusammenstellen?

Wenn Sie Ihrem Biorhythmus folgend die richtigen Essenszeiten gefunden haben, haben Sie einen wichtigen Schritt zu einer guten Versorgung Ihres Körpers getan.

Jetzt ist es an der Zeit, dass Sie einige Thesen an die Hand bekommen, die Ihnen helfen werden, gute Entscheidungen für die Zusammenstellung Ihrer Mahlzeiten zu treffen. Sie werden überrascht sein, wie einfach es ist, gesund und trotzdem mit Genuss zu essen.

Das Wichtigste ist, dass es kein grundsätzliches „Richtig" oder „Falsch" gibt. Im Sinne einer ausgewogenen Ernährung können die Ansichten weit auseinandergehen. **Was Ihnen gut tut, werden Sie merken**, wenn Sie eine gewisse Achtsamkeit entwickeln und versuchen zu erspüren, wie Ihr Organismus auf die verschiedenen Lebensmittel und auf den Zeitpunkt, an dem die Mahlzeit gegessen wird, reagiert.

Seien Sie achtsam im Umgang mit Botschaften wie "Vermeiden Sie diese fünf Lebensmittel, wenn ..." oder "Das passiert, wenn Sie täglich...". Derartige Informationen, die häufig in Werbefenstern auftauchen, sind häufig schlecht bis gar nicht recherchiert und entbehren jeglicher Grundlage.

Prüfen Sie für sich, wie Ihnen die unterschiedlichen Lebensmittel bekommen und lassen Sie weg, was Ihnen nicht guttut. Je mehr Sie mit sich in Verbindung sind, umso mehr können Sie für sich feststellen, was verträglich oder unverträglich ist.

Die Dosis macht das Gift!

Zuviel ist immer schädlich. Dabei ist es gleich, ob wir über Fett, Kohlenhydrate und Eiweiß oder über Vitamine und Mineralien reden.

Eiweiß, Fett und Kohlenhydrate sind die energieliefernden Nährstoffe, die wir aufnehmen müssen, damit unser Organismus mit der nötigen Energie versorgt ist. Was zu viel zugeführt wird, wird in die Speicher geschoben, um für schlechte Zeiten oder Notfälle, wie z.B. Flucht, gerüstet zu sein.

Merke!

Die energieliefernden Nährstoffe sind wichtig und unverzichtbar. Zu viel ist aber im Sinne unseres Körpergewichtes ggf. schädlich. Was keine Energie liefert, sind Vitamine, Spurenelemente und sekundäre Pflanzenstoffe. Auch die Ballaststoffe liefern keine Energie, sind aber unabdingbar für unsere Darmgesundheit. Die Mikronährstoffe können, in falscher Dosierung, schädlich bis giftig sein!

Die Frage, ob FastFood einen wertvollen Beitrag zu einer ausgewogenen Ernährung leistet, ist klar mit "Nein" zu beantworten. Dennoch kann es körperliche und mentale Situationen geben, in denen der Griff zum schnellen Gericht aus dem Imbiss oder der Tiefkühltruhe unumgänglich ist. Und auch hier ist es einfach eine Frage der Dosis – der Häufigkeit. Wer täglich zu derartigem Essen greift, sollte sich mit dem Thema beschäftigen. Wer weniger als einmal in der Woche FastFood isst, kann es als Genussmoment oder als gelegentlichen Ausrutscher werten. Gleiches gilt für Süßigkeiten und andere Genussmittel.

Zusammenstellen leicht gemacht mit PEKO-Flex

Die Hand ist das richtige Maß, wenn Sie nach meiner **PEKO-Flex Methode** Ihre ausgewogenen Mahlzeiten zusammenstellen werden.

PEKO-Flex ist ein Begriff, der zunächst erklärt werden muss:

Fangen wir hinten an. „**Flex**" besagt, dass Sie diese einfache Methode flexibel anwenden können, wo auch immer Sie sind. Wenn Sie Ihre Mahlzeiten so zusammenstellen, wie ich es Ihnen gleich zeige, wird niemand außer Ihnen überhaupt merken, dass Sie etwas verändert haben. So sparen Sie sich lästige Nachfragen und mühsame Erklärungen an Ihr Umfeld.

Flexibilität ist also wichtig, damit Sie sich ausgewogen ernähren und Ihren Körper optimal versorgen können. Die Methode funktioniert zu jeder Zeit an jedem Ort.

PEKO steht für **P**flanzen, **E**iweiß, **Ko**hlenhydrate.

Ist Ihnen aufgefallen, dass Fett in dieser Formel gar keine Erwähnung findet?

Das liegt daran, dass Sie Fette unterschiedlicher Art ganz automatisch mit Ihrer Ernährung aufnehmen. Sie müssen dafür nicht extra sorgen.

Wenn Sie Ihren Teller nach der PEKO-Flex Methode füllen, gehen Sie wie folgt vor:

Jede Mahlzeit soll idealerweise aus zwei Händen voll pflanzlicher Nahrung, einer Hand voll Kohlenhydrate und einer Hand voll Eiweiß bestehen. Die pflanzlichen Nahrungsmittel sollen also den Hauptteil der Mahlzeit ausmachen.

Ihre Hand bietet an dieser Stelle **eine gute Richtlinie**, um die Menge einzuschätzen, die Sie essen sollten. Die Größe der Hand passt zur Größe Ihres Körpers.

Merke!

Die pflanzliche Nahrung darf auch gern noch mehr als zwei Hände voll pro Mahlzeit betragen. Ein wenig Vorsicht ist bei Früchten geboten, da diese die Zuckerbilanz in die Höhe treiben können. Wenn Ihr Organismus aber auf Obst besteht, dann greifen Sie gern zu.

Fett macht nicht fett. Somit dürfen Sie im Sinne einer guten Versorgung mit pflanzlichen Nahrungsmitteln auch gern Fettreiches wie Kerne und Nüsse, Avocado und Oliven einbeziehen. Bedenken Sie, dass Fett ein Geschmacksträger ist und greifen Sie auch bei naturbelassenen Pflanzenölen und Butter in Maßen zu!

Seien Sie achtsam bei hoch verarbeiteten Lebensmitteln wie Wurstwaren. Diese enthalten viele gesättigte Fettsäuren, die ernährungsphysiologisch eher ungünstig sind. Vermeiden Sie Transfette, die in Fertiggerichten, Kuchen Frittiertem, Margarine usw. vorkommen. Diese kann der Organismus nur unvollständig verarbeiten, so dass sie letztlich in den Fettspeichern liegen bleiben.

Sie sehen also, dass es möglich ist, Mahlzeiten, die alles Wichtige enthalten, ganz einfach zusammenzustellen. Wenn Sie **so viele unterschiedliche Lebensmittel wie möglich** einbauen, steigen Ihre Chancen, alle 47 wichtigen Nährstoffe in ausreichender Menge aufzunehmen.

Wasser – Quell allen Lebens

Wir haben uns bislang auf die Nahrungsmittel, auf ihre Menge und ihre Inhaltsstoffe konzentriert. Dabei darf man aber nicht vergessen, dass ohne Wasser jede gute Ernährung sinnlos wäre.

Wasser ist nicht nur zum Waschen da, sondern es ist auch ein guter elektrischer Leiter. Diese Eigenschaft ist wichtig, damit Nervenimpulse überhaupt erst ablaufen können. Außerdem sollten Sie daran denken, dass das Wasser an allen Stoffwechselprozessen indirekt beteiligt ist. Es hält Blut und Lymphe flüssig, so dass gute und schlechte Stoffe im Körper hin- und hertransportiert werden können. Außerdem lässt das Wasser Ballaststoffe im Darm quellen, was die Darmtätigkeit anregt.

1,5 – 2 Liter Flüssigkeit (am besten Wasser oder Kräuter- und Früchtetee) pro Tag sollten es sein. Hinzu kommen aus der Nahrung und durch Stoffwechselprozesse weitere 0,5 Liter Flüssigkeit.

Lange wurde die Auffassung vertreten, dass Kaffee dem Organismus Flüssigkeit entzieht. Heute weiß man, dass es sich dabei um einen Mythos handelt. Trotzdem sollte Kaffee nur in kleinen Mengen getrunken werden.

Softdrinks und alkoholische Getränke sind klar den Genussmitteln zuzuordnen. Sie sind ungeeignet, um die tägliche Trinkmenge zu erreichen. Gleiches gilt – wegen des hohen Gehaltes an Fruchtzucker – für Säfte und Smoothies.

Merke!

Viele Menschen trinken zu wenig. Da Hunger und Durstgefühl sich ähnlich anfühlen können, ist es sinnvoll, bei aufkommendem Hunger zunächst ein großes Glas Wasser zu trinken. Ist das Gefühl zehn Minuten danach noch vorhanden, sollte auch etwas gegessen werden.

Arbeitsblatt 7: Richtig essen - Kalorien zählen vergessen!

Sie haben in der aktuellen Lektion erfahren, wie Sie Ihre Mahlzeiten zusammenbauen, ohne etwas zu wiegen oder zu zählen. Auch von Tages- und Wochenplänen oder von festen Essenszeiten durften Sie sich befreien.

Wie Sie Ihr Grundwissen über die Nährstoffe und das Gelernte über *das intuitive Essen* zusammenführen und im Alltag anwenden können, erfahren Sie in der nächsten Lektion.

Sie haben jetzt alle nötigen Informationen, um die Signale Ihres Körpers zu verstehen. Es muss Ihnen aber in Fleisch und Blut übergehen, in jeder Lebenslage eine Möglichkeit zu finden, aus den vorhandenen Lebensmitteln die Mahlzeit zusammenzustellen, die Ihr Körper braucht.

Bitte lösen Sie zur Vertiefung die folgenden Aufgaben:

1. Beschreiben Sie bitte mit Ihren Worten, wie Sie Ihre Mahlzeiten nach PEKO-Flex zusammenstellen.

2. Bitte erläutern Sie, warum es ungünstig ist, zu festgelegten Zeiten zu essen.

3. Bitte benennen Sie die energieliefernden Nährstoffe, die wir unbedingt aufnehmen müssen.

4. Bitte erläutern Sie, was passiert, wenn wir zu viel Energie aus unserer Nahrung aufnehmen.

5. Bitte erläutern Sie, warum es ungünstig sein kann, zu viele Spurenelemente und Vitamine aufzunehmen.

6. Erläutern Sie bitte, warum im *intuitiven Essen* FastFood nicht verboten ist.

_____

_____

_____

_____

7. Bitte erläutern Sie, warum die Hand zum Abmessen der Nahrungsmenge ein geeignetes Werkzeug ist.

_____

_____

_____

8. Bitte erklären Sie mit Ihren Worten, warum Fett in der PEKO-Flex Formel nicht vorkommt.

_____

_____

_____

9. Bitte erklären Sie, warum Sie Transfette vermeiden sollten, und benennen Sie mindestens drei Lebensmittel, in denen sie zu finden sind.

_____

_____

_____

_____

10. Bitte erläutern Sie, warum Sie auf ausreichend Wasser nicht verzichten sollten.

_____

_____

_____

_____

Lektion 8: *Intuitiv essen* im Alltag

In den ersten Lektionen haben Sie die Grundlagen des *intuitiven Essens* kennengelernt. Auf den nach folgenden Seiten konnten Sie Grundlegendes über unsere Nahrung erfahren.

- Aber wie gehören das *intuitive Essen* und das Wissen um die Lebensmittel und ihre Inhaltsstoffe zusammen?
- Wie können Sie auf der Basis dieses Wissens Ihre Ernährung umstellen?
- Und wie können Sie das neu Erlernte in den Alltag einbinden?
- Wie können Sie etwas ändern, wenn Ihre Umwelt sich nicht verändert?
- Wie können Sie verhindern, wieder in die alten Verhaltensmuster zurückzufallen?

Alle diese Fragen werden auf den folgenden Seiten beantwortet werden.

Essen Sie nur dann, wenn Sie wirklich hungrig sind!

Sicher haben Sie den ersten Grundsatz des *intuitiven Essens* wiedererkannt. Seine Beachtung ist besonders wichtig, damit Sie Ihrem Körper nur dann Nahrung zuführen, wenn er sie wirklich benötigt. Machen Sie sich nochmals bewusst, dass Nährstoffe, die aus anderen Gründen als aus körperlichem Hunger verzehrt werden, als überflüssige Energie in die Speicher geschoben werden.

Klären Sie unbedingt für sich, wie sich die unterschiedlichen Ebenen des Hungers bei Ihnen bemerkbar machen und üben Sie, die Signale zu deuten.

Merke!

Sie sollten in keinem Fall mit dem Essen so lange warten, bis Sie massiven Magenhunger verspüren, da Sie dann mit großer Sicherheit mehr essen, als Ihr Körper haben möchte.

Essen Sie nur das, was Sie wirklich essen möchten!

Auch dieser Grundsatz des *intuitiven Essens* ist Ihnen nicht neu. Jetzt aber, nach Ihrer kleinen Ernährungslehre, werden Sie ihn besser mit Inhalt füllen können.

Halten Sie, wenn Sie Hunger verspüren, zukünftig einen Augenblick inne und fragen Sie sich, für welche Art von Nahrung Ihr Körper augenblicklich Bedarf anmeldet.

Appetit auf Fisch, Fleisch, Eier oder Milchprodukte melden deutlich einen Eiweißbedarf, während Hunger auf Süßes, Brot oder Kartoffeln eindeutig nach Kohlenhydraten verlangt. Gelüste nach Salat oder Gemüsen aller Art lassen darauf schließen, dass es um Vitamine und Mineralstoffe geht und dass vielleicht auch bei den Ballaststoffen nachgefüllt werden sollte. Es kann Situationen geben, in denen Ihr Organismus durch Appetit auf Fettiges sogar Fettbedarf signalisiert. Versuchen Sie dann, zu guten Fetten zu greifen. Zur Not darf es dann aber auch, im Ausnahmefall, etwas aus der Abteilung der weniger günstigen Lebensmittel sein.

Denken Sie unbedingt bei uneindeutigen Signalen zuerst daran, Wasser zu trinken. Möglicherweise resultiert das Hungergefühl nur aus einem Flüssigkeitsmangel.

Es wird eine Weile dauern, bis Sie **die Sprache Ihres Körpers** annähernd **verstehen** können. Es lohnt sich aber, motiviert zu bleiben und weiter zu trainieren. Wenn Sie es beherrschen, werden sie merken, wie entspannt und sicher Sie in Ihrem Essverhalten werden.

Merke!

Essen Sie wirklich das, was Ihr Körper signalisiert. Salat aus Vernunft, obwohl Ihr Körper Lust auf Nudeln signalisiert, gehört ab heute der Vergangenheit an.

Verinnerlichen Sie die PEKO-Flex Methode und stellen Sie Ihre Mahlzeiten entsprechend zusammen. So können Sie sehr sicher sein, dass alle Nährstoffe in ausreichender Menge verfügbar sind.

Machen Sie sich immer wieder klar, wie die Menschen, die natürlich schlank sind, mit Nahrung umgehen.

Genießen Sie achtsam und bewusst!

Dieser Teil ist vermutlich der schwierigste, wenn Sie mit dem *intuitiven Essen* beginnen.

In unserer heutigen Welt finden wir permanent Möglichkeiten, vom Essen abgelenkt zu werden. Der Fernseher läuft, das Handy klingelt oder signalisiert

Nachrichten, vieles ist zu organisieren und zu bedenken. Druck am Arbeitsplatz, knappe Pausenzeiten und die Anforderungen, die die Umwelt an uns stellt, führen allesamt dazu, dass wir dem Essen nicht mehr die nötige Aufmerksamkeit schenken. Sie haben bereits erfahren, dass genau dies unser übergewichtigstes Problem ist.

Machen Sie sich nochmals bewusst, dass die Sättigungssensoren unseres Körpers 20 Minuten benötigen, um uns Sättigung zu signalisieren. Dazu ist es aber erforderlich, dass nicht noch diverse Prozesse nebenbei laufen.

Achtsames Essen ist nur möglich, wenn Sie so viele **Ablenkungen** wie möglich **vermeiden**.

Achtsames Essen bedeutet jedoch nicht, dass Sie nun immer allein essen müssen. Essen ist etwas Genussvolles – und den Genuss mit anderen zu teilen ist für uns, die wir soziale Wesen sind, sehr wichtig. Aber gerade in Gesellschaft von Freunden kann es schwierig sein, auf den Körper zu achten, da Gespräche und Impulse der Sie umgebenden Menschen für Ablenkung sorgen. Nehmen Sie sich zwischendurch kurz mental zurück. So verschaffen Sie sich Zeit, auf Ihren Körper zu hören und zu spüren, wie es um die angenehme Sättigung bestellt ist.

Achtsamkeitsübung Luftblase

Wie Sie bereits gelernt haben, ist das **achtsame Essen** ein wichtiger Bestandteil Ihrer neuen Ernährungsweise. Sie werden aber merken, dass Umweltgeräusche, die Anwesenheit anderer Menschen oder der Stress des Alltags Sie – vor allem am Anfang – ablenken werden und Sie es schwer haben, die Signale Ihres Körpers zu beachten. Diese Übung wird Ihnen helfen, **sich abzugrenzen** und besser **mit sich im Kontakt** zu sein.

Stellen Sie sich bitte vor, dass Sie sich **in einem aufgeblasenen Luftballon** befinden.

Sie können Ihre Umwelt wahrnehmen, es gibt aber eine gewisse Grenze, die niemand durchdringen kann. Die Geräusche nehmen Sie nur noch gedämpft wahr. Luft und Material der Hülle halten das meiste draußen, so dass Sie sich, im Ballon stehend, voll auf sich und das Essen konzentrieren können.

Es ist genug Essen in der Blase. Sie müssen diese nicht verlassen. So können Sie an der Umgebung teilhaben, können aber auch zum Essen bei sich bleiben.

Sie nehmen Ihre Umgebung wahr. Vielleicht spüren Sie auch, wie jemand von außen gegen die Hülle Ihrer Luftblase klopft oder gegen die Blase drückt. Sie nehmen all das wahr, aber Sie haben den nötigen Abstand dazu.

Wiederholen Sie diese Übung zunächst bei jeder Mahlzeit oder auch, wenn Sie außerhalb der Essenssituationen Zeit dazu haben. Es ist wichtig, dass Sie sich die Luftblase und sich selbst darin genau vorstellen können.

Mit der Zeit werden Sie merken, dass Ihr Unterbewusstsein diese Übung absolviert, wann immer Sie es möchten. Sie werden sich immer besser abgrenzen und achtsamer essen können. In Ihrer Umgebung wird niemand etwas davon bemerken, wenn diese Übung für Sie zu einer Selbstverständlichkeit geworden ist.

Merke!

Schaffen Sie sich eine Essenssituation, in der Sie mit möglichst wenig Ablenkung Ihre Nahrung zu sich nehmen. Wenn Sie in Gesellschaft essen, mit Freunden oder vielleicht geschäftlich, nutzen Sie die Luftblase, um Ihr Sättigungsgefühl im Blick zu behalten.

Hören Sie bei angenehmer Sättigung auf zu essen!

Auch dieser Grundsatz ist nicht leicht umzusetzen, wenn Sie zu den Menschen gehören, die als Genussmenschen bekannt sind. Zunächst werden Ihre Familie und Freunde wenig Verständnis dafür zeigen, wenn Sie kein Dessert oder keinen Nachschlag vom guten Braten mehr nehmen.

Seien Sie in Ihrer Haltung klar und deutlich, ohne sich zu rechtfertigen. Sie allein haben darüber zu entscheiden, was mit und in Ihrem Körper passiert.

Wenn Sie möchten, dass jemand aus Ihrem Umfeld Sie bei Ihrer Ernährungsumstellung unterstützt, dann suchen Sie sich eine oder ein paar wenige Personen Ihres Vertrauens, denen Sie davon berichten. Vermeiden Sie, Ihren gesamten Freundes- oder Kollegenkreis mit Ihrem Vorhaben zu konfrontieren. Sie sparen sich so eine Menge Druck und lästige Nachfragen.

Eines Tages werden es alle gemerkt haben, dass Sie schlanker, entspannter, glücklicher und insgesamt ein Mensch sind, der sich rundum wohl fühlt.

Machen Sie sich – gerade um Festtage herum – bewusst, dass es nicht in Ihre Zuständigkeit fällt, alle Reste zu beseitigen, auch wenn Sie das früher immer getan haben. Natürlich soll man mit Lebensmitteln respektvoll verfahren und Verschwendung vermeiden. Dennoch sollten Sie verinnerlichen, dass es Ihren Körper verletzt, wenn Sie Nahrung aufnehmen, die Ihr Körper nicht gebrauchen kann.

Sollten Sie im Restaurant essen, verinnerlichen Sie bitte, dass Sie das, was Sie im Augenblick nicht essen, einpacken lassen können. „Lieber den Bauch verrenken, als dem Wirt was schenken", wie es mein Vater immer sagte, gehört der Vergangenheit an. Reste mit nach Hause zu nehmen ist heute nichts Ungewöhnliches mehr.

Das Essspektrum

Sicher fragen Sie sich, wie Sie *intuitiv essen* sollen, wenn Sie feste Termine wie Geschäftsessen, gemeinsame Mittagspause mit den Kollegen, Verabredungen oder Feiern haben.

Sie können natürlich ganz selbstbewusst sein und ganz wenig oder gar nichts essen, wenn Sie keinen Hunger verspüren. Dies jedoch könnte als ungesellig empfunden werden. Außerdem ist eine gemeinsam eingenommene Mahlzeit im Hinblick auf unser soziales Leben etwas sehr Wichtiges.

Wenn Sie nach Herzenslust mit den anderen genießen möchten, dann ist das **Essspektrum** das Werkzeug der Wahl. Beachten Sie hierzu bitte auch die folgende Mentalübung. Sie ist wichtig, damit Sie gut mit Ihrem Körper in Verbindung sind und das Werkzeug richtig anwenden können.

Mentalübung Balkenwaage

Stellen Sie sich bitte eine Balkenwaage vor. Am linken Ende befindet sich Ihr Hungergefühl. Es geht um das stärkste Hungergefühl, das sie je verspürt haben. Am anderen Ende befindet sich analog die stärkste Übersättigung Ihres Lebens.

Ausschläge – egal auf welcher Seite – sollten Sie unbedingt vermeiden, weil Ihr Organismus diese

Extreme nicht mag. Das Ziel ist es, dass die Waage sich im Gleichgewicht befindet. Der goldene Mittelweg, die Waagschalen in Balance, das ist Ihr Ernährungsziel.

Um den Gleichgewichtspunkt herum können Sie spielen, wenn Sie wissen, dass Sie eine Verabredung zum Essen haben. Sie können vor Ihrer Verabredung so essen, dass Ihr Körper zwar beschäftigt, aber noch nicht angenehm gesättigt ist. So haben Sie genügend Appetit für Ihren Termin.

Wenn Sie vorher ein wenig vor dem Sättigungspunkt waren, können Sie beim Essen gern beherzt zugreifen und riskieren, dass Sie ein wenig über den Gleichgewichtspunkt essen, dass Sie also über der angenehmen Sättigung liegen. Nährstofftechnisch hat Ihr Organismus damit kaum Probleme.

Das Essspektrum hilft Ihnen, **flexibel reagieren** zu können, denn nicht jeder Tag ist gleich. Seien Sie mutig und trauen Sie sich, dieses mächtige Werkzeug anzuwenden. Sie werden überrascht sein, wie einfach es zukünftig für Sie ist, an Buffets oder in der Kantine mit Genuss Ihre Mahlzeit einzunehmen.

Weitere Tipps für Ihren Essalltag finden Sie auf den kommenden Seiten!

Arbeitsblatt 8: *Intuitiv essen* im Alltag

Sie haben erste Tipps zur Umsetzung des *intuitiven Essens* im Alltag erhalten.

Mit den folgenden Aufgaben können Sie für sich prüfen, an welchen Stellen Sie nochmals das Gelernte vertiefen müssen, um das *intuitive Essen* in Ihren Alltag einbinden zu können.

1. Bitte beschreiben sie mit Ihren eigenen Worten das Essspektrum und seine Vorteile.

2. Bitte benennen Sie mindestens fünf Lebensmittel tierischen und pflanzlichen Ursprungs, die Sie wählen können, wenn Ihr Organismus nach Eiweiß verlangt.

3. Bitte benennen Sie fünf Lebensmittel, die Ihnen Kohlenhydrate liefern. Bitte erläutern sie auch, ob es sich um Kohlenhydrate handelt, die eher schnell oder langsam verstoffwechselt werden.

4. Bitte erläutern Sie, welche Vorteile die „Luftblasenübung" für Sie bringt.

5. Bitte erläutern Sie, warum Sie mit dem Essen nicht warten sollten, bis Sie starken körperlichen Hunger verspüren.

6. Bitte erläutern Sie, wie Sie verfahren sollten, wenn Sie Appetit auf Fett verspüren.

_____

_____

_____

_____

_____

Lektion 9: Ich bin nicht perfekt - aber ich arbeite auch nicht daran!

Nun wird es ein Stück weit philosophisch. Die nachstehenden Betrachtungen werden aber hilfreich sein, damit Sie noch besser ins Tun kommen können.

Der Satz, den Sie in der Überschrift lesen, ist beinahe ebenso wichtig wie die vier Grundsätze und der Leitsatz, die Sie ja aus den ersten Lektionen schon kennen.

In der vorangegangenen Lektion haben Sie sich intensiv mit den Rückmeldungen Ihres Körpers beschäftigen können. Jetzt soll es auf den folgenden Seiten einmal mehr um Ihre mentale Haltung zum Essen und zu dem Veränderungsprozess gehen, den Sie mit der Lektüre dieses Buches begonnen haben.

Sie werden erfahren, wie Sie Ihren inneren Schweinehund positiv beeinflussen können und wie Sie es schaffen, mit Ruhe und Gelassenheit Ihrer neuen Wohlfühlzukunft entgegenzusehen.

Auch der längste Weg beginnt mit dem ersten kleinen Schritt!

Sie dürfen sich auf die Schulter klopfen und sich zu dem Schritt, in Ihrem Leben etwas verändern zu wollen, beglückwünschen. Sie haben das Buch bis hierher durchgearbeitet und damit schon den ersten Schritt getan.

Wichtig ist nun, dass Sie sich, was die Veränderungen betrifft, nicht überfordern. Wenn Sie zu viel auf einmal ändern, werden Sie an Grenzen stoßen, was wiederum bewirken kann, dass Sie Ihre Motivation verlieren. Das wäre sehr schade, denn Sie haben schon jetzt Zeit und Mühe investiert.

Bleiben Sie dabei, Ihren Weg in kleinen Schritten zu gehen. Für Ihr Gewicht z.B. bedeutet dies, dass Sie pro Woche nicht mehr als 500 Gramm verlieren sollten. Mehr wäre wesentlich zu viel und Sie hätten Ihren Körper einer Mangelsituation mit den bekannten Auswirkungen ausgesetzt.

Auch wenn Sie mal gar kein Gewicht verloren haben, ist das nicht schlimm. Es kann im Rhythmus Ihres Körpers verschiedenste biorhythmische Ereignisse geben, die eine Gewichtsabnahme verhindert haben. Bleiben Sie auf Ihrem Weg und lassen Sie Ihrem Organismus die Chance, sich zu entwickeln.

Kein Stress mehr mit der Waage

Sie haben in diesem Buch bereits erfahren, dass die Zahl, die Sie auf der Waage sehen, eine von Wissenschaftlern definierte Größe ist. Hätten Sie kein Wissen darüber, was gesellschaftlich als Übergewicht klassifiziert wird, würde Ihnen die Zahl, die auf dem Display erscheint, lediglich eine Information darüber geben, wie schwer Ihr Körper ist. Aber was würde diese Information für Sie bedeuten? Vermutlich nichts, denn es gäbe keine Vergleichsgrößen.

Lösen Sie sich bitte von der bösen Zahl auf der Waage, von der die Gesellschaft glaubt, dass Sie irgendetwas über Sie, Ihren Charakter, Ihre Fähigkeiten und Fertigkeiten oder ihre sozialen Kompetenzen aussagt.

Es ist nur eine Zahl, die (vielleicht) etwas über Ihr Äußeres erahnen lässt. Mehr nicht!

Merke!

Innen sind Sie richtig, wie Sie sind! Was die äußere Hülle betrifft, gibt es nichts, was Sie nicht korrigieren könnten. Tun Sie dies aber nur, wenn es Ihnen wirklich wichtig ist.

Wenn es nicht medizinisch notwendig ist, weil ein Arzt oder Therapeut Ihr aktuelles Körpergewicht benötigt, sollten Sie sich in der nächsten Zeit gar nicht mehr wiegen.

Die Zahlen, die das regelmäßige Wiegen ermittelt, können sehr starken Stress auslösen. Der Stress bewirkt, dass Sie in hoher Dosis Kortisol ausschütten, was wiederum jede Fettverbrennung verhindert.

Merke!

Kortisol ist das Stresshormon. Wenn Sie viel Kortisol im Blut haben, befinden Sie sich im Fluchtmodus. Fettverbrennung würde Energieverschwendung bedeuten, die im Fluchtmodus nicht vorkommen darf. Möglicherweise hätten Sie sonst zur Flucht keine ausreichenden Reserven.

Schonen Sie Sich und Ihren Organismus und vermeiden Sie den Stressfaktor Gewicht. Dies ist ein kleiner, aber sehr erfolgreicher Schritt auf dem Weg in Ihre Wohlfühlzukunft.

Ein Blick in die betriebswirtschaftlichen Prinzipien

Sie werden vermutlich überrascht sein, wenn ich Ihnen gleich zeige, dass wir uns betriebswirtschaftliche Prinzipien zunutze machen können, um unsere Ernährung umzustellen und entspannter und gelassener zu leben.

Wie bereits erklärt, ist es wichtig, möglichst kleine Schritte zu gehen, damit Sie sich nicht überfordern. Ebenso geht es Betrieben, wenn sie Veränderungsprozesse anstreben. Je größer die Veränderung ist, umso größer ist auch die Gefahr, dass der Prozess nicht gelingt. Zerlegt man den Veränderungsprozess in viele kleine Schritte, steigen die Erfolgschancen, weil es besser gelingt, alle Beteiligten mitzunehmen. Es stellt sich immer die Frage, wie groß der Erfolg sein soll, den der Betrieb erzielt. 100 % wären zwar wünschenswert, sind aber vermutlich kaum zu erreichen. Schon eine Quote von 80 % wäre ein großer Erfolg, würde aber Raum für kleine Ungenauigkeiten lassen. Die Mitarbeiter würden nicht überfordert und könnten motiviert den Veränderungsprozess begleiten.

Was bedeuten diese Überlegungen für Ihre Ernährung?

- Wenn Sie möglichst kleine Schritte gehen, zerlegen Sie den Prozess Ihrer Ernährungsumstellung in viele kleine Prozesse. So wird es für Sie leichter werden, Veränderungen umzusetzen und zu akzeptieren.

- Setzen Sie sich nicht unter Druck, sich zu 100 % perfekt ernähren zu müssen. Dieses Ziel wäre nicht erreichbar. Außerdem würden Sie keinen Spielraum mehr haben für Genussmomente, die zumeist einer gesunden Ernährung im Wege stehen.

- Verändern Sie zunächst nur eine Kleinigkeit – in Zahlen 20 % –an Ihrem Ernährungsverhalten. Sie werden merken, wie dieser Schritt Sie weiterbringt, und Sie können die nächsten 10 % angehen.

- Nehmen Sie sich bitte ausreichend Zeit für die einzelnen Schritte und beenden Sie den Prozess, wenn Sie merken, dass Sie nicht mehr genießen können.

- Lassen Sie sich nicht entmutigen, wenn ein Schritt zu groß oder eine angestrebte Veränderung für Sie nicht das Richtige war. Lernen Sie aus den Fehlern und versuchen Sie gegebenenfalls etwas anderes.

- Behalten Sie auch bitte immer im Blick, dass Erfolg nicht durch Disziplin entsteht, sondern, wie Sie ja gelernt haben, durch Ihre positive Grundhaltung zur Veränderung Ihrer Ernährung Ihrer Lebenseinstellung und Ihrem Körper.

Merke!

Mit einer Erfolgsquote, die bei 80 % liegt, haben Sie einen großen Erfolg erreicht. Ihrem Körper wird es nicht schaden, wenn Sie die restlichen 20 % für Ihren Genuss reservieren.

Nur wenn Sie sich nicht unter Druck setzen, kann es Ihnen gelingen, mit Ruhe und Gelassenheit ein entspanntes Essverhalten zu entwickeln und es zu festigen.

Seien Sie neugierig, wie die Ruhe und Gelassenheit, die Sie – bezogen auf Ihr Essverhalten – entwickelt haben, auch Ihre Gelassenheit in Konfliktsituationen positiv beeinflusst und wie Sie in Ihrer gesamten Lebensführung nach und nach souveräner und ruhiger werden.

Ich wünsche Ihnen viel Erfolg und hoffe, dass Sie Ihre Reise genießen werden!

Arbeitsblatt 9: Ich bin nicht perfekt!

Sie haben es fast geschafft! Dies ist das letzte Arbeitsblatt!

In der letzten Lektion haben wir uns ganz intensiv mit Ihrem neuen Ernährungsverhalten und nochmals mit Ihrer mentalen Haltung befasst. Wichtig ist auch, dass Sie sich immer Ihrer Werte – bezogen auf Ihren Körper – bewusst sind.

Bitte lösen Sie die nun die folgenden Aufgaben:

1. Bitte erläutern Sie, warum Ihr Körper pro Woche nicht mehr als 500 Gramm verlieren sollte.

2. Erläutern Sie bitte, warum Sie sich ab heute nur noch selten, aber am besten gar nicht mehr wiegen sollten.

3. Führen Sie bitte aus, warum Sie im Hinblick auf Ihr Körpergewicht Stress vermeiden sollten.

4. Bitte erläutern Sie mit eigenen Worten, wie Sie den Prozess Ihrer Ernährungsumstellung einteilen sollten.

5. Warum, denken Sie, wäre es schädlich, 100 % Erfolg anzustreben?

6. Bitte erläutern Sie, was es für Ihren Veränderungsprozess bedeuten würde, wenn Sie sich keine Genussmomente mehr schaffen dürften.

Lektion 10: Zum guten Schluss!

Herzlichen Glückwunsch! Sie haben es geschafft! Dieses ist das letzte Kapitel, das Ihnen zum Abschluss letzte vertiefende Impulse liefern soll, bevor Sie selbstständig den Weg in Ihre Wohlfühlzukunft weiter beschreiten.

Mit allem, was Sie in diesem Buch gelernt haben, haben Sie einen Schatz erworben, den Ihnen niemand mehr nehmen kann. Sie sind eingeweiht in das große Geheimnis der natürlich schlanken Menschen. Ihnen stehen jetzt alle Werkzeuge zur Verfügung, damit sie Ihre Ernährungs- und Lebensweise auf Wohlfühlkurs einstellen können.

Bitte rufen Sie sich Ihr **inneres Bild**, das Sie sich am Anfang dieses Buches geschaffen haben, immer wieder in Erinnerung. Es ist für Sie wie ein Leuchtfeuer, das Ihnen Orientierung auf Ihrem neuen Weg geben wird.

Nochmal zur Ernährung: In der heutigen Zeit erhalten wir beinahe täglich neue Hinweise, wie wir uns ernähren sollten. Außerdem wird es in unserer schnelllebigen Zeit immer schwieriger, sich **Zeit für das Essen selbst, aber auch die Zubereitung zu nehmen**. Daraus folgt nur zu oft, dass im Stehen etwas vom Bäcker gegessen wird, wovon man sofort auch weiß, dass es mit Sicherheit nicht gesund ist. Auf das FastFood zum Mittag usw. möchte ich hier gar nicht mehr eingehen.

Es ist nicht wichtig, dass man täglich **alle Stoffe aufnimmt**, die hier beschrieben wurden. Wichtig ist aber, z.B. im Blick auf eine gesamte Woche, dass all diese Stoffe mehrmals wöchentlich vorkommen.

Viele Vitamine und Mineralstoffe kann unser Organismus eine gewisse Zeit speichern, so dass sie nicht täglich gegessen werden müssen.

Kohlenhydrate, Eiweiß und Fett bilden die Grundlage unserer Nahrung.

Eine **gute Verdauung** ist unentbehrlich. Wenn der Darm aktiv ist, dann gelangen gute und nützliche Stoffe schnell ins Blut und damit an die Stellen, wo sie gebraucht werden, andererseits verlassen ungute Dinge unseren Körper auch schneller und können sich nicht so stark anlagern. Deshalb ist auch darauf zu achten, dass täglich ausreichend Ballaststoffe aufgenommen werden.

So viel zur Wiederholung, was die ernährungsphysiologische Seite betrifft. Jetzt geht es, weil es viel wichtiger ist, nochmals um Ihre innere Haltung!

"Abnehmen ist kein Sprint, sondern ein Marathonlauf!"

Das sagt Bastienne Neumann, Ernährungswissenschaftlerin und tätig im Bereich der Ernährungspsychologie[1]. Sie meint damit, dass Sie Ihren Weg **Schritt für Schritt** gehen müssen, um Ihr Ziel zu erreichen. Dies jedoch klappt nicht im Schnelldurchlauf, sondern will Kilometer für Kilometer abgearbeitet werden. Erinnern Sie sich bitte immer daran, dass Sie pro Woche nicht mehr als 500 Gramm Gewicht verlieren sollten. Nur so können Sie sicher sein, dass Ihre Ernährungsumstellung ohne Jo-Jo-Effekt geschieht.

Gesund abzunehmen und dabei zu lernen, in gutem Kontakt mit dem eigenen Körper zu sein, ist tatsächlich kein Kurzstreckenlauf. Es ist wie ein Marathon, mit allen Höhen und Tiefen. Lassen Sie sich vor allem von den Tiefen nicht entmutigen. Nutzen Sie Tiefschläge vielmehr dazu, besser und stärker zu werden. Jeder Fehler bietet auch die Chance zur Reflektion und damit zur Veränderung.

Merke!

Negative Erfahrungen prägen sich um ein Fünffaches stärker ein als positive Eindrücke. Dieser Mechanismus war in früheren Zeiten wichtig, um Gefahren möglichst frühzeitig erkennen und entsprechend, zum Beispiel durch Flucht, reagieren zu können. In der heutigen Zeit ist dieser Fluchtmodus nicht mehr erforderlich. Deshalb ist es wichtig, dass Sie sich darin üben, aus jedem negativen Erlebnis etwas Positives herauszuziehen. Sie werden nach einiger Übung erkennen, dass jedes Ding zwei Seiten und damit tatsächlich auch immer etwas Positives hat.

Seien Sie **geduldig** auf der langen Strecke, die Sie zurückzulegen haben. Nehmen Sie sich ausreichend Zeit, auch wenn es mehrere Jahre dauern sollte. Der Weg, den Sie mit dem *intuitiven Essen* gewählt haben, ist nicht der zur schnellen Bikinifigur. Vielmehr ist es **der Weg der Gesundheit und Nachhaltigkeit**.

Erinnern Sie sich immer daran, dass die Zahl auf der Waage nur eine Zahl ist, und dass Ihr Körper nur die Verpackung ist, in der Sie als Mensch aufgehoben sind. Sie müssen nicht sich ändern, sondern haben selbst die Freiheit, an Ihrer Verpackung etwas zu verändern.

Gestalten Sie Ihre Wohlfühlzukunft!

---

[1] https://bastienne-neumann.de/geduld-lernen/

Sollten Sie nach diesem Buch merken, dass Sie weitere Unterstützung benötigen, dann ist es Zeit für die direkte individuelle Unterstützung durch einen Coach, der Sie auf dem Weg begleitet und Sie mental stärkt. Kontaktieren Sie mich gerne unter kontakt@beb-schweppe.de und nennen Sie das Stichwort „Booster-Coaching". Sie erhalten dann von mir Ihren persönlichen Termin für eine 60minütige Reflektion für nur 60,00 €.

Wir sprechen über Ihre Vorlieben und Abneigungen, über die Arbeitsblätter, die Sie in diesem Buch bereits ausgefüllt haben, und über Ihre Lebenssituation. Auf der Basis dieser Fakten erkläre ich Ihnen ganz individuell, wie Sie am besten mit Ihrer Ernährungsumstellung starten können.

Denken Sie aber schon jetzt immer daran, dass Essenszeiten nach der Uhr oder feste Regeln, welche Lebensmittel in welcher Reihenfolge gegessen werden sollen, der Vergangenheit angehören, auch wenn morgen wieder die nächste Mode-Diät mit einem tollen und einfach umzusetzenden Plan auf der Bildfläche erscheint. Lassen Sie sich davon nicht irritieren und gehen Sie weiter auf dem Weg, den ich Ihnen in diesem Buch oder im Booster-Coaching empfohlen habe.

Freuen Sie sich bitte jeden Tag daran, dass Sie immer besser spüren, was Ihr Körper braucht und wann er angenehm gesättigt ist.

Machen Sie sich immer wieder bewusst, dass es nicht Ihre alleinige Aufgabe ist, Teller und Schüsseln zu leeren um der Lebensmittelverschwendung einen Riegel vorzuschieben. Treten Sie ab sofort aus dem Club der leeren Teller aus! Wenn Sie etwas essen, was Ihr Körper nicht braucht, schont es vielleicht die Ressourcen, es verletzt aber am Ende Sie und Ihren Organismus!

Ich wünsche Ihnen, dass Sie am Prozess Ihrer Ernährungsumstellung wachsen können und dass die Veränderung Ihrer Ernährungsweise auch eine Veränderung Ihrer Lebensweise beinhalten möge.

Senden Sie dadurch, dass Sie sich wohl fühlen, positive Energien in die Welt und leisten Sie durch Ihr gelassenes Auftreten einen wichtigen Beitrag, um Ihre Umwelt von ungesunden Verhaltensweisen zu befreien.

Gern bin ich weiterhin an Ihrer Seite, um Sie bei Ihrem Marathonlauf zu unterstützen!

Nina Schweppe

Anhang

Lösungen zu den Arbeitsblättern

Im folgenden Abschnitt finden Sie die Lösungen zu den Arbeitsblättern, die Sie in den Lektionen 1 bis 9 bearbeitet haben.

Sie haben sicher zunächst selbst Antworten auf die Fragen in den dazugehörigen Lektionen gesucht und gefunden, bevor Sie sich an dieser Stelle versichern möchten, ob Ihre Antwort richtig und vollständig ist.

Ich gratuliere Ihnen ganz herzlich zu Ihrem Erfolg!

Lösungen Arbeitsblatt 1

1. <u>Was wäre Ihr erster Gedanke, wenn Sie das Ei in die Hand bekämen?</u>

Hier gibt es keine richtigen oder falschen Antworten. Ihre Aufgabe ist es, Ihre individuelle Lösung zu entwickeln. Überlegen Sie einfach, was Ihnen spontan einfallen könnte, wenn Ihr Ernährungscoach Ihnen in der ersten Stunde so etwas schenkt.

---

2. <u>Welche Emotionen löst es aus?</u>

Auch hier geht es um Ihre individuelle Lösung und mentale Haltung zu dem Überraschungsei. Vielleicht sind Sie neugierig, was drinsteckt? Vielleicht freuen Sie sich über die Schokolade? Ärgern Sie sich vielleicht, weil Sie nicht erwartet hätten, in einem Ernährungskurs Schokolade zu bekommen?

---

3. <u>Wie würden Sie bzgl. der Schokolade verfahren?</u>

Fragen Sie sich einfach, ob Sie die Schokolade essen würden oder nicht, und warum Sie so entscheiden. Im Präsenzkurs würde ich dazu keine Vorgaben geben und gebe sie Ihnen auch hier nicht. Sie entscheiden selbst.

---

4. <u>Würden Sie mit der Schokolade anders verfahren, wenn Sie sich nicht in einer Gruppensituation befänden?</u>

Viele Menschen, die sich mit ihrem Körpergewicht befassen, verhalten sich allein anders als in Gruppen. Versuchen Sie für sich die Frage zu beantworten, ob sich Ihr Essverhalten ändert, je nachdem, ob Sie allein sind, mit vertrauten Personen essen oder vielleicht gar mit Fremden.

---

5. <u>Welche Symbolik bezogen auf das intuitive Essen und diesen Kurs könnte das Ei für Sie beinhalten?</u>

Auch hier können nur Sie Ihre individuelle Antwort finden. Gerade diese Frage ist wichtig, denn sie enthält für Sie den Schlüssel zum Start in das *intuitive Essen*. Es ist der erste Baustein für Ihr „Warum?" und für Ihr Ziel.

Lösungen Arbeitsblatt 2

1. <u>Warum möchte unser Organismus möglichst viel Energie speichern?</u>

Unser Organismus befindet sich noch immer im Urzeitmodus. Er kann nicht damit rechnen, immer und überall Nahrung/Energie zur Verfügung zu haben. Er muss aber damit rechnen, dass wir in Gefahr geraten und flüchten müssen. Früher flüchteten wir vor wilden Tieren, heutzutage flüchten wir vor Stress, Mobbing usw. Um immer bereit zu sein, fährt unser Organismus alles, was Energie verbraucht, herunter und hält auf diese Weise die Reserven so weit wie möglich fest.

2. <u>Was unterscheidet die älteren und die neuzeitlichen Teile unseres Gehirns?</u>

Die älteren Hirnteile sind groß und behäbig, während die neuzeitlichen Hirnteile eher klein, aber sehr aktiv sind. Während die älteren Hirnteile unser Überleben sichern und Grundfunktionen aufrechterhalten, wird im neuzeitlichen Gehirn Wissen angehäuft, Vorgänge werden reflektiert und Entwicklungsprozesse vorangetrieben.

3. <u>Welche Hirnteile sprechen welche Sprache?</u>

Die älteren Hirnteile denken in Bildern, während die neueren Hirnteile abstrakter denken und in Texten und Formeln bzw. in Zahlen und Buchstaben denken würden – wie auch die Urmenschen Bilder an die Wände ihrer Höhlen gemalt und nicht geschrieben haben.

4. <u>Was muss geschehen, damit die alten und neuen Hirnteile sich verstehen?</u>

Was unser neuzeitliches Gehirn an Daten und Fakten zum Thema Ernährungsumstellung gesammelt hat, muss sich in einem Bild widerspiegeln. Das Bild muss möglichst genau das Ziel beinhalten, das Sie erreichen möchten. Wenn das Bild deutlich im Unterbewusstsein abgespeichert ist, dann können die älteren Hirnteile darauf reagieren.

5. <u>Warum ist es so wichtig, eine klare Vorstellung von dem Ziel, das man erreichen möchte, zu entwickeln?</u>

Nur dann, wenn im Unterbewusstsein ein deutliches Bild abgespeichert ist, das das Ergebnis Ihres Veränderungsprozesses zeigt, entsteht Ihre Motivation, Gewohnheiten zu verändern. Je deutlicher Sie verstanden haben, warum Sie was erreichen möchten, umso stärker werden Sie daran arbeiten, das Ziel auch zu erreichen und alle Veränderungen hinnehmen, auch wenn es schwerfallen sollte.

Lösungen Arbeitsblatt 3

1. <u>Wie lautet der Leitsatz des *intuitiven Essens*?</u>

"Ich esse immer so achtsam und so bewusst wie eben möglich!"

2. <u>Wie lauten die vier Grundsätze, auf denen die Methode des *intuitiven Essens* beruht?</u>

- ✓ Essen Sie nur dann, wenn Sie wirklich hungrig sind.
- ✓ Essen Sie nur das, was Sie wirklich essen möchten.
- ✓ Genießen Sie jede Mahlzeit achtsam und bewusst.
- ✓ Hören Sie bei angenehmer Sättigung mit dem Essen auf.

3. <u>Warum ist es so wichtig, möglichst langsam zu essen?</u>

Wenn wir langsam essen, ist der Organismus in der Lage, die Nahrungsmenge zu registrieren. Gehirn und Bauch können Signale austauschen. Die Sättigungssensoren im Bauch melden an das Gehirn, wann genug Nahrung aufgenommen wurde.

4. <u>Wie lange brauchen die Sensoren im Verdauungstrakt, um Sättigung zu signalisieren?</u>

Dieser Vorgang dauert mindestens 20 Minuten.

5. <u>Was tut unser Körper mit Nährstoffen, die er nicht benötigt?</u>

Er schiebt sie in die Speicher, um schlimmstenfalls für schlechte Zeiten vorbereitet zu sein und z.B. zur Flucht ausreichend Energie zur Verfügung zu haben.

6. <u>Warum ist es eher hinderlich, die Ernährung nach rationalen Gesichtspunkten zusammenzustellen?</u>

Unser Körper signalisiert uns, was er wann benötigt. Wenn wir die Nahrung nach rationalen Gesichtspunkten zusammenstellen, laufen wir Gefahr, nicht die Nährstoffe aufzunehmen, die im Augenblick benötigt werden.

7. Wie signalisiert unser Körper, dass er Nahrung benötigt?

Nahrungsbedarf wird durch Hunger signalisiert.

8. Ist es wirklich ein Vorteil, dass wir in der heutigen Zeit immer und überall Nahrung zur Verfügung haben?

Durch die Fülle an Nahrungsmitteln können wir essen, wann und wo und so viel wir möchten. Dadurch kann es passieren, dass wir den Körper mit zu viel Nahrung versorgen. Der Überfluss ist daher eher nachteilig.

9. Warum haben wir mehr Hunger, wenn die Fettspeicher größer werden?

Die Fettspeicher müssen mit Energie versorgt werden. Um diese zur Verfügung zu haben, muss entsprechend Nahrung aufgenommen werden. Je größer der Energiebedarf ist, umso mehr Hunger wird signalisiert.

10. Warum ist es für unseren Körper ungünstig, wenn wir ohne größere Pausen Nahrung aufnehmen?

Wenn wir ohne Pause Nahrung aufnehmen, kommt der Stoffwechsel nie zur Ruhe. Er ist permanent damit belastet, die Nährstoffe, die er womöglich gar nicht benötigt, zu verarbeiten. Unser Körper verlernt das Gefühl für Hunger und Sättigung. Somit entgleist unser Essverhalten und es ist sehr wahrscheinlich, dass wir mehr Nahrung aufnehmen, als uns gut tut.

Lösungen Arbeitsblatt 4

1. <u>Erläutern Sie bitte mit eigenen Worten, welche Folgen es hat, wenn Sie das Essen als Beschäftigung nebenbei betrachten.</u>

Die Sensoren, die Hunger und Sättigung prüfen, können ihre Arbeit nicht verrichten, weil wir nicht mit uns im Kontakt sind. Dadurch ist es sehr wahrscheinlich, dass zu viel und auch das Falsche gegessen wird.

2. <u>Benennen Sie mit Ihren eigenen Worten die Gründe, aus denen man nicht essen sollte.</u>

Man sollte nicht aus Gründen wie Frust, Langeweile, Trauer, Stress oder zur Belohnung essen. Nährstoffe sollten nur aufgenommen werden, wenn unser Körper sie benötigt. Essen darf nicht der Befriedigung oder Unterdrückung von Emotionen dienen.

3. <u>Erläutern Sie bitte, warum Lebensmittel nicht in „gut" oder „schlecht" eingeteilt werden sollten.</u>

Alle Lebensmittel, auch wenn sie einen schlechten Ruf haben, enthalten etwas Brauchbares. Es kann immer Situationen geben, in denen der Körper etwas benötigt, wie z.B. Zucker, Weißmehl oder Fett, auch wenn der Verstand weiß, dass man das besser nicht zu sich nehmen sollte.

4. <u>Bitte erläutern Sie, was eine Ernährungsumstellung bezogen auf Menge und Lebensmittelauswahl bedeutet.</u>

Eine Ernährungsumstellung bedeutet zunächst einmal, dass man die Lebensmittelauswahl und oder die -mengen verändert.

5. <u>Bitte beschreiben Sie mit Ihren Worten den einzigen Grund, aus dem man Nahrung zu sich nehmen sollte.</u>

Man sollte nur dann essen, wenn man wirklich hungrig ist. Also dann, wenn wirklich ein Bedarf an Nährstoffen signalisiert wird.

6. <u>Bitte beschreiben Sie mit Ihren Worten, was das Besondere an natür-</u>
   <u>lich schlanken Menschen ist.</u>

Wer natürlich schlank ist, versorgt seinen Organismus *instinktiv* dann mit den richtigen Nahrungsmitteln, wenn sie benötigt werden. Sie hören bei angenehmer Sättigung auf zu essen und halten sich nicht an feste Essenszeiten oder -regeln. Der Zwang, gegen jedes Sättigungsgefühl den Teller leer oder einen Schokoriegel unbedingt bis zum Ende essen zu müssen, ist ihnen fremd. Deshalb können sie sich alle Lebensmittel, inklusive Süßigkeiten und FastFood erlauben, da sie ihren Organismus nicht damit überfrachten.

Lösungen Arbeitsblatt 5

1. <u>Bitte benennen Sie die 3 Ebenen, auf denen Hunger auftreten kann.</u>

Wir unterscheiden den Zell-, den Magen- und den Sinneshunger.

2. <u>Bitte beschreiben Sie mit Ihren Worten, wie die drei Ebenen des Hungers sich darstellen.</u>

Der Zellhunger zeigt an, dass der Organismus ein Bedürfnis nach Nährstoffen hat.

Der Magenhunger ist im Bauch spürbar und die Mechanismen zwischen Magen, Darm und Gehirn signalisieren, was und wie viel davon wir essen sollten.

Der Sinneshunger hilft dem Körper, Lebensmittel zu klassifizieren und die Menge zu regulieren.

3. <u>Erläutern Sie bitte mit Ihren eigenen Worten die Funktion des Sinneshungers.</u>

Mit dem Geruchs- und dem Geschmackssinn verfügen wir über Essenssinne, die uns – bezogen auf die Lebensmittelauswahl und die Nahrungsmenge – hervorragend unterstützen. Lebensmittel, die Brauchbares enthalten, empfinden wir appetitlich. Zunächst schmecken sie gut, solange wir hungrig sind. Mit zunehmender Sättigung verlieren diese verlockenden Lebensmittel ihren Reiz.

4. <u>Beschreiben Sie bitte, wie sich der Hunger mit seinen frühen Signalen ankündigen kann.</u>

Die erste Ankündigung erfolgt in Form des Zellhungers. Er kann sich in Konzentrationsschwächen, Gähnen oder auch in einer gedanklichen Fixierung auf Essbares ausdrücken.

5. Der Magenhunger kündigt sich wesentlich deutlicher an. Bitte beschreiben Sie, wie sich seine Signale zeigen.

Der Magenhunger ist eindeutiger und klar spürbar. Es entsteht ein leeres Gefühl im Bauch. Der Drang, unbedingt etwas essen zu müssen, wird immer stärker.

6. Führen Sie bitte aus, wie sich der seelische Hunger vom körperlichen Hunger unterscheidet.

Dem seelischen Hunger liegt kein körperliches Bedürfnis nach Nahrung zugrunde. Vielmehr ist der seelische Hunger ein Essensdrang, um andere Bedürfnisse im emotionalen Bereich zu befriedigen. Der Körper wird dabei mit Nährstoffen versorgt, die er gar nicht benötigt.

7. Bitte erläutern Sie, warum es ungünstig ist, die frühen Hungersignale zu ignorieren.

Wenn die frühen Hungersignale nicht beachtet werden, wird der Hunger immer größer. Folgerichtig muss auch mehr Nahrung aufgenommen werden, um das Bedürfnis zu befriedigen. Dadurch kann es vorkommen, dass über den tatsächlichen Bedarf hinaus Nahrung aufgenommen wird.

8. Bitte erläutern Sie, warum es sinnvoll sein kann, ein großes Glas Wasser zu trinken, bevor Sie zum Essen greifen.

Die frühen Hungersignale können auch mit Durst verwechselt werden, der sich, bevor der Mund trocken wird, sehr ähnlich anfühlt. Deshalb sollte man, wenn frühe Hungersignale auftreten, erst einmal Wasser trinken. Möglicherweise ist das Bedürfnis damit schon befriedigt.

9. Bitte führen Sie aus, warum es wichtig ist, nach dem Trinken zu warten und das Hungergefühl zu überprüfen.

Nach dem Trinken kann es sein, dass das Hungergefühl bzw. der signalisierte Bedarf nicht befriedigt zu sein scheint. Dennoch ist es sinnvoll, etwa 10 Minuten abzuwarten, da die Flüssigkeitssensoren unseres Körpers diese Zeitspanne benötigen, um die aufgenommene Flüssigkeit zu registrieren.

Lösungen Arbeitsblatt 6

1. **In welche großen Gruppen lassen sich die Elemente unserer Nahrung einteilen?**

Die grobe Einteilung erfolgt in zwei Gruppen, nämlich die Makro- und die Mikronährstoffe.

2. **Warum ist es für unseren Organismus vorteilhaft, wenn wir möglichst hochwertige Lebensmittel verwenden?**

Der Organismus braucht länger, um die zugeführten Lebensmittel in ihre einzelnen Nährstoffe aufzuschlüsseln. Somit ist er zufriedener und fragt seltener nach Nachschub. So verringert sich die Menge der zugeführten Kalorien ganz automatisch.

3. **Bitte benennen Sie die Nährstoffe, die unserem Organismus Energie liefern.**

Die Energie liefern Fett, Eiweiß und Kohlenhydrate.

4. **Bitte beschreiben Sie, was in unserem Körper mit den Kohlenhydraten geschehen muss, bevor sie genutzt werden können.**

Die Kohlenhydrate müssen in ihre kleinsten Teilchen, Glukose, zerlegt werden. Erst dann kann der Körper sie verwerten.

5. **Bitte benennen Sie wenigstens 5 eiweißhaltige Lebensmittel bzw. Lebensmittelgruppen.**

Eiweiß ist enthalten z.B. in Milchprodukten, Fleisch, Fisch, Hülsenfrüchten, Eiern und Pilzen.

6. **Welche Fette machen uns nicht fett?**

Die ungesättigten und die mehrfach ungesättigten Fette sind die, die uns nicht fett machen. Gesättigte Fette benötigen wir auch, sie sollten aber den kleinsten Teil der aufgenommenen Fette ausmachen.

7. <u>Bitte erläutern Sie, was Transfette sind und warum wir sie vermeiden sollten.</u>

Transfette sind zumeist hoch verarbeitete Pflanzenfette. Unser Körper erkennt sie, kann sie aber nicht vollständig verarbeiten. Deshalb schiebt er sie in die Fettpolster, wo sie dann auch bleiben.

8. <u>Bitte erläutern Sie, warum es gefährlich sein kann, Nahrungs-ergänzungsmittel ohne ärztlichen Rat einzunehmen.</u>

Wir nehmen die Mikronährstoffe über unsere Nahrung auf. Wenn wir zusätzlich Nahrungsergänzungsmittel einnehmen, kann es zu einer Über-dosierung kommen. Die Mikronährstoffe, die wir tatsächlich nur in sehr kleinen Mengen benötigen, können in größerer Dosis ungesund bis giftig sein. Deshalb ist eine Überdosierung unbedingt zu vermeiden.

Lösungen Arbeitsblatt 7

1. <u>Beschreiben Sie bitte mit Ihren Worten, wie Sie Ihre Mahlzeiten nach PEKO-Flex zusammenstellen</u>

Die obere Hälfte des Tellers soll mit pflanzlichen Lebensmitteln gefüllt sein, die beiden unteren Viertel je eines mit Eiweiß und das andere mit Kohlenhydraten.

2. <u>Erläutern Sie, warum es ungünstig ist, zu festgelegten Zeiten zu essen.</u>

Feste Essenszeiten nehmen keine Rücksicht auf die tatsächlichen Bedürfnisse des Körpers. So kann es sein, dass man schon vor der vorgegebenen Zeit hungrig ist – bzw. zur vorgegebenen Zeit noch gar keinen Hunger hat.

3. <u>Bitte benennen Sie die energieliefernden Nährstoffe, die wir unbedingt aufnehmen müssen.</u>

Unbedingt aufnehmen müssen wir Fett, Kohlenhydrate und Eiweiß.

4. <u>Bitte erläutern Sie, was passiert, wenn wir zu viel Energie aus unserer Nahrung aufnehmen.</u>

Wenn wir mit der Nahrung zu viel Energie aufnehmen, werden die überschüssigen Kalorien in die Speicher geschoben, damit sie für Notzeiten zur Verfügung stehen.

5. <u>Bitte erläutern Sie, warum es ungünstig sein kann, zu viele Spurenelemente und Vitamine aufzunehmen.</u>

Spurenelemente und Vitamine sind in kleinen Mengen gesund und unentbehrlich für unseren Organismus. Nehmen wir aber zu viel davon auf, können diese lebenswichtigen Stoffe ungesund bis giftig sein.

6. <u>Erläutern Sie, warum im *intuitiven Essen* FastFood nicht verboten ist.</u>

Im *intuitiven Essen* wird nicht zwischen „guten" und „schlechten" Lebensmitteln unterschieden. Es ist alles erlaubt. Deshalb ist es auch möglich, im Rahmen eines Genussmomentes, oder zum Abfangen einer ungewöhnlichen Situation im Ausnahmefall FastFood zu essen.

7. <u>Bitte erläutern Sie, warum die Hand zum Abmessen der Nahrungs-menge ein geeignetes Werkzeug ist</u>

Die Größe der Hand passt zur Größe des Körpers. Wer seine Nahrungsmittel mithilfe der Hände einteilt, hat eine gute Chance, die richtige Menge auf dem Teller zu platzieren.

8. <u>Bitte erklären Sie mit Ihren Worten, warum Fett in der PEKO-Flex Formel nicht vorkommt.</u>

Fett kommt in der Formel nicht vor, weil es von Natur aus in unterschiedlichsten Lebensmitteln vorhanden ist oder zur Zubereitung benötigt wird. Es wird deshalb ganz automatisch mit der Nahrung aufgenommen.

9. <u>Bitte erklären Sie, warum Sie Transfette vermeiden sollten und benen-nen Sie mindestens drei Lebensmittel, in denen sie zu finden sind.</u>

Transfette sind sehr hoch verarbeitet und damit stark verändert. Deshalb kann unser Körper sie zwar als Fette erkennen, er kann sie aber nicht vollständig verarbeiten. Daher schiebt er sie in die Fettzellen, wo sie dann bleiben.

Wir finden die Transfette in Produkten wie Margarine und Wurstwaren, aber auch in frittierten Lebensmitteln sowie in fertig gekauften Kuchen und Keksen.

10. <u>Bitte erläutern Sie, warum Sie auf ausreichend Wasser nicht verzich-ten sollten.</u>

Wasser ist ein guter elektrischer Leiter. In dieser Eigenschaft ist es für uns wichtig, damit Nervenimpulse funktionieren. Außerdem lässt das Wasser Ballaststoffe, die wir mit der Nahrung aufnehmen, quellen. So wird die Darmaktivität angeregt und unser Körper wird nicht länger als nötig mit unnützen und möglicherweise auch ungesunden Stoffen belastet.

Lösungen Arbeitsblatt 8

1. <u>Bitte beschreiben sie mit Ihren eigenen Worten das Essspektrum und seine Vorteile.</u>

Das Essspektrum ermöglicht es uns, uns an Gegebenheiten des Alltags anzupassen. Wir können unser Bedürfnis nach Nahrung steuern, um auf der einen Seite *intuitiv zu essen*, auf der anderen Seite bei gesellschaftlichen Anlässen oder Treffen mit Freunden ohne schlechtes Gewissen an der Mahlzeit teilzunehmen.

Das Ziel ist es, den Zufriedenheitspunkt unseres Körpers zu erreichen. Wenn wir wissen, dass wir über eine längere Zeit aus irgendwelchen Gründen nicht essen können, gehen wir über diesen Punkt hinaus und essen ein wenig mehr, als wir eigentlich müssten. Ebenso essen wir etwas weniger, wenn eine Verabredung zum Essen bevorsteht. So ist es z.B. möglich, auch die Mittagspause mit der Kollegin weiterhin zu genießen und trotzdem *intuitiv zu essen*.

2. <u>Bitte benennen Sie mindestens 5 Lebensmittel tierischen und pflanzlichen Ursprungs, die Sie wählen können, wenn Ihr Organismus nach Eiweiß verlangt.</u>

Eiweißhaltig sind Eier, Käse, Quark und Joghurt, Fleisch und Fisch, aber auch Pilze, Hülsenfrüchte wie Bohnen, Erbsen und Linsen sowie Nüsse.

3. <u>Bitte benennen Sie 5 Lebensmittel, die Ihnen Kohlenhydrate liefern. Bitte erläutern sie auch, ob es sich um Kohlenhydrate handelt, die eher schnell oder langsam verstoffwechselt werden.</u>

Kurzkettige Kohlenhydrate liefern Weißbrot und Süßigkeiten sowie Früchte. Langkettige Kohlenhydrate finden wir in Vollkornprodukten, aber auch in Gemüse und Kartoffeln.

4. Bitte erläutern Sie, warum Sie mit dem Essen nicht warten sollten, bis Sie starken körperlichen Hunger verspüren.

Wenn der körperliche Hunger zu stark wird, besteht die Gefahr, dass wir mehr Nahrung aufnehmen, als wir brauchen. Die Folge ist, dass ein Kalorienüberschuss vorliegt. Die überschüssige Energie wird ungenutzt in die Speicher geschoben.

5. Bitte erläutern Sie, wie Sie verfahren sollten, wenn Sie Appetit auf Fett verspüren.

Wenn der Körper wirklich einmal Lust auf Fett signalisiert, dann ist es die beste Wahl, zunächst zu günstigen Fetten aus Seefisch, Nüssen oder Avocado zu greifen. Ungesättigte und mehrfach ungesättigte Fettsäuren sind jetzt das Mittel der Wahl. In Ausnahmefällen darf auch zu fetthaltigen Lebensmitteln gegriffen werden, die eher als ungünstig zu erachten sind.

Lösungen Arbeitsblatt 9

1. **Bitte erläutern Sie, warum Ihr Körper pro Woche nicht mehr als 500 Gramm verlieren sollte.**

Auch der Organismus muss sich auf die neue Situation einstellen. Er muss erst wieder lernen, dass keine Gefahr droht, wenn er an Gewicht verliert. Wenn das Gewicht zu schnell reduziert wird, fühlt sich der Organismus einer Mangelsituation ausgesetzt. Die Folge ist, dass nur noch die wichtigsten Stoffwechselprozesse stattfinden, um Energie zu sparen.

2. **Erläutern Sie bitte, warum Sie sich ab heute nur noch selten, aber am besten gar nicht mehr wiegen sollten.**

Die ständige Kontrolle des Gewichtes kann Stress auslösen. Außerdem sagt die Zahl auf der Waage nur etwas über Äußerlichkeiten aus. Sie lässt keine Rückschlüsse auf Charaktereigenschaften, auf Leistungsfähigkeit und auf persönliche Werte zu.

3. **Führen Sie bitte aus, warum Sie im Hinblick auf Ihr Körpergewicht Stress vermeiden sollten.**

Wenn wir auf der Waage Stress haben, versetzt dies unseren Organismus in den Fluchtmodus. Der hohe Kortisolspiegel verhindert, dass der Organismus Fett verbrennen kann. Somit wird das Abnehmen erschwert.

4. **Bitte erläutern Sie mit Ihren Worten, wie Sie den Prozess Ihrer Ernährungsumstellung einteilen sollten.**

Es ist wichtig, den Prozess in viele kleine Schritte zu zerlegen. So werden erreichbare und realistische Ziele definiert.

5. **Warum, denken Sie, wäre es schädlich, 100 % Erfolg anzustreben?**

100 % würden bedeuten, dass man alles richtig machen, also perfekt sein muss. Da dies kaum zu erreichen ist, würde die Motivation leiden.

6. <u>Bitte erläutern Sie, was es für Ihren Veränderungsprozess bedeuten würde, wenn Sie sich keine Genussmomente mehr schaffen dürften.</u>

Wer sich keine Genussmomente mehr gönnt, strebt wiederum Perfektionismus an. Außerdem entsteht durch die Tatsache, dass man sich Lebensmittel verbietet, eine Fixierung auf genau das, was verboten ist.

Für Ihre Notizen:

Für Ihre Notizen:

Zeitfracht Medien GmbH
Ferdinand-Jühlke-Straße 7
99095 Erfurt, Deutschland
produktsicherheit@kolibri360.de